图书在版编目（CIP）数据

遇水行舟　进退自如/《意林·小国学》编辑部编
.一长春：吉林摄影出版社，2024.5
（意林小国学5周年精华集）
ISBN 978-7-5498-6078-4

Ⅰ.①遇… Ⅱ.①意… Ⅲ.①中华文化-青少年读物
Ⅳ.①K203-49

中国国家版本馆CIP数据核字(2023)第256364号

遇水行舟　进退自如
YUSHUI XINGZHOU JINTUI ZIRU

出 版 人	车　强	印　　次	2024年5月第1次印刷
总 策 划	宋春华　朱薏楠	出　　版	吉林摄影出版社
出 品 人	杜普洲	发　　行	吉林摄影出版社
主　　编	宋春华	地　　址	吉林省长春市净月高新技术
图书策划	宋春华　施岚		开发区福祉大路5788号
责任编辑	王维夏		邮编：130118
图书统筹	王　敏	电　　话	总编办：0431-81629821
执行编辑	刘　双		发行科：0431-81629829
封面设计	张　龙	网　　址	www.jlsycbs.net
美术编辑	张　龙	经　　销	全国各地新华书店
开　　本	787mm×1092mm　1/16	印　　刷	涿州市星河印刷有限公司
字　　数	160千字	书　　号	ISBN 978-7-5498-6078-4
印　　张	9	定　　价	20.00元
版　　次	2024年5月第1版		

启　事

　　本书编选时参阅了部分报刊和著作，我们未能与部分作品的文字作者、插画作者取得联系，在此深表歉意。请各位作者见到本书后及时与我们联系，以便按国家相关规定支付稿酬及赠送样书。
　　地址：北京市朝阳区南磨房路37号华腾北搪商务大厦1501室《意林·小国学》编辑部（100022）
　　电话：010-51900470

版权所有　翻印必究
（如发现印装质量问题，请与承印厂联系退换）

遇水行舟
进退自如

目录 contents

立志

炉边故事汇

雾锁白帝城 / 蒋　伟 …………………………………………… 1
信陵君窃符救赵 / 朱立奇 ……………………………………… 4
神功快餐 / 岳　炜 ……………………………………………… 6
我不是跳蚤侠 / 黄文军 ………………………………………… 10
夸父逐日 / 龙　芊 ……………………………………………… 12
廉广的神笔 / 一　苇 …………………………………………… 14
十二生肖的传说 / 牛保军 ……………………………………… 17
神奇的"天灯" / 张　冲 ………………………………………… 20
李白求师 / 杨浩然 ……………………………………………… 23

寓言小书坊

良驹多挨鞭 / 陈亦权 …………………………………………… 26
伯乐驯马 / 谷微黄 ……………………………………………… 27
叶天士学艺 / 张珠容 …………………………………………… 28
"笨蛋"祖冲之 / 侯美玲 ………………………………………… 29
扁鹊学医 / 佚　名 ……………………………………………… 30
柳公权发奋练字 / 佚　名 ……………………………………… 31

1

榜样

师说新语

传奇谋士姜子牙 / 黄志明 ………………………………… 32

宋朝名人的另一个身份 / 吴　钧 ………………………… 34

清代女科学家王贞仪 / 大科技 …………………………… 36

秦良玉：何必将军是丈夫 / 黄　琦 ……………………… 38

康熙皇帝：帝王界的科技达人 / 许冰彬 ………………… 41

音乐家孔子 / 陈虫虫 ……………………………………… 44

"游记之祖"柳宗元 / 高燕萍 …………………………… 47

漫画成语

坐拥百城 / 张　帆 ………………………………………… 50

南辕北辙 / 张　帆 ………………………………………… 52

千金市骨 / 张　帆 ………………………………………… 54

快刀斩乱麻 / 张　帆 ……………………………………… 56

博览

国宝大讲堂

吴王光鉴：中国最古老的冰箱 / 佚　名 ………………… 58

青铜班的同学们 / 扇　子 ………………………………… 60

神奇动物在敦煌 / 江星辰 ………………………………… 62

金瓯永固杯：乾隆皇帝专用"许愿杯" / 方　锐 ……… 65

博物馆奇妙夜

随州市博物馆：青铜史诗讲述汉东传奇 / 田豆豆 ……… 68

2

杭州博物馆：风雅钱塘韵悠长 / 王丽玮 …………………………………… 72

成语有意思
桃李不言，下自成蹊 / 江　亭 ………………………………………… 76
成也萧何，败也萧何 / 佚　名 ………………………………………… 77
当成语遇见流行语 / 佚　名 …………………………………………… 78
稀奇古怪的"冷"成语 / 阿　广 ……………………………………… 80

视野

国学小课堂
《齐民要术》：1500多年前的"荒岛求生指南" / 蝴蝶君 …………… 82
古书奇遇记 / 哲　也 …………………………………………………… 84
纸的发展历程比我们想象的更有趣 / 佚　名 ………………………… 87
古今地名大赏："小"名字"大"历史 / 梦　涵 …………………… 90

诗词现场
卧闻山寺夜钟声 / 叶世慧 ……………………………………………… 94
一处山水一首诗 / 夫　子 ……………………………………………… 97
铁马冰河梦 / 范晨光 …………………………………………………… 100
大宋风尚志 / 侯　磊 …………………………………………………… 102

国学总动员
古代名人"反差萌"大赛 / 佚　名 …………………………………… 106
古人的科幻想象力 / 刘黎平 …………………………………………… 109
帝王圈的"奇葩说" / 深海水草 ……………………………………… 112
古代吝啬鬼排名 / 黄晓娟 ……………………………………………… 115
写字太难看，要被罚喝墨水？古代法律有多奇葩 / 佚　名 ………… 118

争鸣

意林知道了
汉字何时开始横着写 / 佚 名 …… 120
古人用"橡皮擦"吗 / 佚 名 …… 120
九九乘法表从哪儿来 / 佚 名 …… 120
"鸡丁"前面冠"宫保" / 佚 名 …… 121
"借光"的由来 / 佚 名 …… 121
"乱七八糟"两战乱 / 佚 名 …… 121
标点符号的由来 / 刘宝书 …… 122
故宫的配色为什么是"番茄炒鸡蛋" / 只露声音的宫殿君 …… 123

笑林广记
古人作诗能随意到什么程度 / 佚 名 …… 124
假如这些名人也来参加高考 / 佚 名 …… 125
把微信表情翻译成古诗词 / 佚 名 …… 126

作文练功房
古诗对对碰 / 杨明志 向筱瑄 杨语昕 张皓名 …… 128
古诗新韵 / 陈枳程 李佳璇 …… 129
我眼中的语文 / 饶谦祺 …… 130
汉字王国的争吵 / 龙千千 …… 131

考试加油站
读书须有疑 / [宋] 朱 熹 …… 132
读书千遍,其义自见(节选) / [宋] 朱 熹 …… 133
中国书法:东方艺术的瑰宝 / 佚 名 …… 134

立志·炉边故事汇

雾锁白帝城

文/蒋 伟
图/米米儿插

有惊无险

三国时期,刘备亲率全蜀精锐之师讨伐吴国。结果,在夷陵之战中,刘备中了吴军大都督陆逊的火攻之计,几乎全军覆没。万般无奈之下,他只得带领残兵败将逃往白帝城。

这天,刘备的兵马逃至石门山地界,大家见身后没有追兵,正想休整一下,忽然,斜前方的山头上响起了惊天动地的战鼓声,一队人马杀了出来。领头的东吴小将一边纵马前行,一边喝道:"刘备老贼,看你往哪里逃,孙桓在此恭候多时了!"

刘备早就听闻孙桓是一员猛将,没想到今日竟会遭遇他的阻击。刘备一愣神的工夫,随行护卫符无名挡在他前面,大声呼道:"陛下,您快从边上的小道撤走。"符无名说完,挥动长刀迎战孙桓。刘备忙从小道撤退。

可是,刘备没走多远,发现前面的道路已被巨石堵死,正当他哀叹"天要亡我"之时,身旁有人应道:"陛下勿忧,白眊(ěr)军尚可一战。"

遇水行舟 进退自如

刘备转头看去，说话之人是蜀国皇帝卫队白毦军的统领陈到。陈到随即吹起了响哨，蜀军中便有百余名士兵纷纷褪下重铠，露出银白色轻甲。接着，他们从四面八方聚拢过来，迅速汇成一条银白色的"长龙"，向外突击。这些兵士，是陈到密训的精锐部队白毦军，专门负责守护刘备。

见此情景，孙桓大吼一声，杀向敌阵。但霎时，百余个枪尖如同利箭般弹射过来。孙桓大骇，挥刀拨挡，但终究还是慢了半分，眨眼光景，他的手脚均已中箭。吴军见状纷纷掉头退去。

符无名正欲乘胜追击，却被陈到喝止："穷寇莫追，还是保护陛下要紧。"符无名这才转身回来。

暗度陈仓

黄昏时分，刘备带领的兵马行至一处荒岗之上，随后停下埋锅造饭。刘备将多位近臣召至身边，商量下一步该如何行动。陈到提出了绕开大道从小路撤退的想法，刘备欣然同意。

午夜时分，众人都打起了瞌睡。一个黑影却从营帐中钻出，径直往山下而去。那黑影一边走，一边用一把小刀在两旁的树干上刻着一种奇怪的记号。

正当他全神贯注之际，陈到一声"符无名，果然是你"，让黑影浑身一颤。与此同时，四周喊杀声顿起，许多兵士涌过来将他捆上，押了回去。

此时，营帐中早已灯火通明，刘备正襟危坐，其他将士也威风凛凛地站着，丝毫不见倦意。刘备见符无名被押入帐中，怒斥道："符无名，快说，你到底是什么人？"

其实，符无名的真实身份是吴军密探，他在行军途中刻画了许多记号，将蜀军的撤退路线传

递给吴军，以便他们围追堵截。幸好陈到警觉，发现了符无名的诡异举动，于是他同刘备设局，假装临时改变行军路线，让符无名钻入圈套。符无名知道自己已经暴露，坦然承认自己的身份，刘备大怒，命人将符无名关押起来。

陈到趁机说出"暗度陈仓"之计，让刘备带领兵马另辟蹊径，翻越险峻的山岭赶往白帝城。同时，他安排十余名精兵继续往小路行进，并在沿途刻上记号，将吴军引入歧途。

一计双策

次日，刘备大军经历无数艰辛后，终于抵达白帝城。众军士望着雾中的城楼，齐声欢呼道："马上可以回家了，我们脱险啦！"

岂料，就在这时，远处突然传来大笑声："哈哈，大都督真是神机妙算啊，让我们提前在此埋伏，今日果然截住了刘备！"紧接着，战鼓声四起，一队人马掩杀过来，带队的正是吴将潘璋，他喊道："兄弟们，抓住刘备，主公定有重赏！"

见到敌军气势汹汹，刘备不敢正面应战，忙掉转马头往边路撤去。

也不知追了多久，刘备被吴军团团围困，但他斗志不减，片刻工夫，已砍倒了几人。潘璋觉得不对劲儿：奇怪，刘备的武艺一向平庸，今天居然斩杀了我们这么多兵将？难道……他是个冒牌货？想到此处，他大声喝问："你不是刘备，你究竟是何人？"

"刘备"哈哈大笑："我乃白毦军统领陈到，我们陛下早已进入白帝城了。"

听到这话，潘璋目瞪口呆。

与此同时，在白帝城外，一名蒙面军士揭下了面具，他才是真正的刘备。

原来，陈到知道吴军大都督陆逊心思极为缜密，暗度陈仓之计未必骗得了他。于是，他又与刘备商定了一条"李代桃僵"之计，两人在出行前，互换了装束。

刘备进入白帝城后，立即召集城中精锐之师，火速救援被围困的陈到。

潘璋苦斗陈到多时，一直未能将其拿下，又见敌人的援军杀来，知道战机已失，便放弃了进攻。

信陵君窃符救赵

文/朱立奇 图/米米儿插

　　魏王的弟弟信陵君为人谦虚，待人宽厚，有才能的人都不远千里去投奔他。

　　魏国有个叫侯嬴的人，七十岁了，家里很贫穷，在都城的东门守门。信陵君听说他是位隐士，就去拜访他，还想送给他一份厚礼。侯嬴坚持不收，说："我一向修身养性，让自己品德纯洁，不能因为贫穷就收您的礼物。"信陵君听后更加敬重他。

　　一天，信陵君大摆酒席，宴请宾客。他亲自驾着马车，去邀请侯嬴。到了东门，信陵君握着缰绳，恭恭敬敬地请侯嬴上车。侯嬴毫不谦让，径直上了车，还对信陵君说："我有个朋友叫朱亥，在集市卖肉，我要先去见他。"于是，信陵君驾车来到集市。侯嬴下了车，找到朱亥，一边和他聊天一边观察信陵君。信陵君脸上不仅没有不耐烦，反而更加温和。聊了好一会儿，侯嬴才告别朋友，上了信陵君的车。

　　信陵君回到家中，安排侯嬴坐在上座，还挨个向宾客介绍他，众人都很惊讶。宴席开始了，信陵君举杯站起来，到侯嬴面前为他祝酒。侯嬴对信陵君说："今天真难为您了。我不过是一个小小的看门人，却劳烦您亲自驾车来接我。我故意去拜访朋友，让您在一边等着，您对我却更加恭敬。旁人看见了，都骂我不识抬举，称赞您礼贤下士。我这是在成就公子的美名啊！"从此，侯嬴就成了信陵君的贵客。

　　后来，秦国围攻赵国的都城邯郸。赵王的叔叔平原君的夫人是信陵君的姐姐，赵国便向魏国求救。魏王派将军晋鄙率领十万大军前去援救，秦王得知后，派人告诉魏王："我早晚会攻下赵国，谁敢来援助，攻下赵国后，我首先就派兵攻打谁！"魏王害怕了，命令晋鄙停止前进，把军队驻扎在邺城，观望局势的变化。信陵君屡次劝魏王发兵，魏王始终不听。

信陵君不忍心看着赵国灭亡，就带领宾客，聚集百余辆战车准备迎战秦军，誓与赵国共存亡。出城门前，信陵君特地去拜访侯嬴，说了自己的打算。侯嬴听了，淡淡地说："您好自为之吧，我老了，不能跟您一道去。"信陵君告别侯嬴，已经走了几里路，心里还很不是滋味。他想："我对侯嬴周到备至，现在我将赴汤蹈火，他竟没有一言半语送给我，我有什么地方做得不对吗？"

于是信陵君掉转车头，回去找侯嬴。侯嬴见了他，笑着说："我知道您会回来的。公子善待宾客，名闻天下，如今带他们去迎战秦军，就像把肉投向饿虎，有什么用呢？"信陵君忙问他有什么好办法。侯嬴道："我听说调动军队的虎符（古代的兵符，铸造成虎的形状，分为两半，由国君和带兵的将帅各掌管一半，两半合在一起，才可以调兵），通常放在大王的卧室内。大王最宠爱如姬，她能出入大王的卧室，偷到虎符。我还听说您替如姬报过杀父之仇，如果您开口请求如姬，她一定会答应的。到时，您可以用虎符夺了晋鄙的军队，击退秦军救下赵国。"

信陵君听从他的计策，去请求如姬，如姬成功偷出了兵符，交给信陵君。

信陵君临出发时，侯嬴对他说："您就算合了兵符，万一晋鄙不听您调遣，再去请示大王就危险了。朱亥是个大力士，您可以带上他。如果晋鄙不听，就让朱亥击杀他。"

信陵君又去请朱亥帮忙。朱亥笑道："我只是一个屠夫，您先前多次来看望我，我却没有答谢您。如今您遇到难处，正是我报答您的机会。"

信陵君到了邺城，晋鄙虽然合了兵符，却有些怀疑，仍然不肯出兵。无奈之下，朱亥击杀了晋鄙。信陵君统率了晋鄙的军队，传令说："父子都在军中的，父亲回去；兄弟都在军中的，哥哥回去；独子没有兄弟的，回家侍奉父母。"就这样，他选出八万精兵去攻打秦军。秦军败退，邯郸得救，赵国免遭灭亡。

遇水行舟 进退自如

神功快餐

文/岳炜
图/开心

西湖边有座小镇，叫石阶镇。这几年，镇上的人都迷恋上了练武功。他们希望练就一身绝世神功，成为一代大侠。可是，好几年过去了，没有一个人练成一门武功。

有一天，在小镇的青石街上，新开了一家叫"神功快餐"的酒楼。店主说了，这家酒楼里的每一种饭菜，都是一门武林奇功，吃下去，不用经过漫长的、辛苦的修炼，就能轻松拥有这门神功。

怎么，不信？你看，那个大腹便便、走路都费劲的小胖子，气喘吁吁地爬上二楼，坐在靠窗的位子，要了一盘"摩云金翅"。看上去，这就是一盘普通的鸡翅。吃完之后，小胖子抹抹嘴，顿时感觉浑身轻松了不少。他付完钱，麻利地站起身来，望了望窗外，突然一个纵身跳窗而出。在空中，只见他伸展双臂，双腿微曲，竟像一朵蒲公英，轻飘飘地落到了地上。

街上的行人都看呆了——这还是刚才那个小胖子吗？好厉害的轻功呀！掌声"噼里啪啦"地响了起来。小胖子笑着冲大家抱拳行礼："谢谢大家！'神功快餐'果然名不虚传！"

你再看那边，一个弱不禁风的、身形娇小的小姑娘怯生生地走进了"神功快餐"酒楼。店小二忙上来招呼："姑娘，请问您要点什么？"小姑娘看了看墙上的菜单，细声细气地说："给我来一盘'落英掌'吧！"

"好嘞！您稍候！"店小二答应着，转身去了厨房。不一会儿，一盘"落英掌"端到了小

姑娘面前的桌上。看上去，这就是一盘炸鹅掌嘛。小姑娘拿起筷子，慢慢吃起来。就在这时，外面突然传来一阵小孩子的哭声。原来，酒楼一旁的空地上，几个小孩子在放风筝。一不小心，风筝被一棵大槐树的树枝挂住了。几个小家伙想尽了办法，还是取不下来，急哭了。正在吃"落英掌"的小姑娘扭头看到这一幕，转过身，对准那棵铁桶般粗的大槐树，一掌打去——

只听"嘭"的一声，老槐树一阵摇晃，风筝翩翩而落。紧跟着，槐树叶也纷纷扬扬地落了下来。孩子们见状，破涕为笑，捡起风筝，冲着小姑娘喊道："谢谢姐姐！你好厉害呀！"

街上再次响起"噼里啪啦"的掌声。这时候，人们开始议论了——"看来，这'神功快餐'真的不一般啊！""咱们也去尝尝吧！"于是，他们陆续走进了"神功快餐"酒楼。

霎时间，酒楼里人满为患。店小二看着满满的一屋子人，轻轻叹了口气，转身去了厨房。

不一会儿，饭菜端了上来。客人们抄起筷子，甩开腮帮子，风卷残云般大吃起来。就在这时，一个身材高大的黑衣人走进酒楼。只见他头发杂乱、双眉紧锁，一副愁眉苦脸的样子。

店小二看到他，先是浑身一颤，然后马上恢复了平静。他走上前，对黑衣人说道："客官，请问您要点什么？"

黑衣人看都没看他一眼，从嗓子眼儿里挤出一个声音："给我来一份'九阳神功'！"

店小二愣了一下，说："好，请来这边！"

他招呼黑衣人坐到墙角的一个位置，然后转身走进厨房。不一会儿，店小二手里端着一碗"九阳神功"，慢慢走到黑衣人的桌前，放下碗，说：

遇水行舟　进退自如

"客官，请慢用。"

这碗"九阳神功"，看上去就是一碗肉汤，没有什么特别。黑衣人稀里呼噜地把这一大碗肉汤喝了下去。放下碗，黑衣人抹抹嘴，深吸一口气，伸出双臂，在空中比画了一下，没有任何感觉。于是他勃然大怒，问店小二："你这'九阳神功'是用什么做的？我喝了怎么一点儿反应也没有？"

店小二从容地回答道："九阳九羊嘛，当然是用九种羊的肉做的了，这九种羊，分别是绵羊、山羊、黄羊、羚羊、青羊——"

"住嘴！"黑衣人一拍桌子，大喊一声，"你这'神功快餐'根本就是骗人的！"

这时，周围的人也放下碗筷，呼呼啦啦地站了起来——他们也想试试这"神功快餐"到底有没有那么神。

那位吃了"大力金刚丸"的大叔第一个走到门前，一拳打在那棵老槐树上。"哎呀！"树纹丝未动，他却疼得蹦了起来！

那位吃了"九阴白骨爪"的大婶，也想试试自己的神功，伸手就去抓树干。只听"哎哟"一声，树皮完好无损，大婶的手指甲却给弄劈了，疼得她嗷嗷直叫。

黑衣人这下更理直气壮了："哼！你们这些骗子！我要为受骗的大伙儿讨回公道！"说着，他突然伸出右掌，眼看就要打在店小二胸前。

这时，却见店小二不慌不忙，轻轻一侧身，避了过去。黑衣人一掌打了个空，恼羞成怒，一个箭步上来，再出一掌！这一掌太过突然，店小二眼看躲闪不及，只好闭眼……却听"嘭"的一声，黑衣人的右掌竟被人死死地抓住了！

这不是刚才那位吃"落英掌"的小姑娘嘛！

黑衣人大吃一惊："是你？"

小姑娘放开他的手腕，冲店小二努了努嘴。店小二摘下头巾，冲黑衣人抱拳："见过大师兄。"

黑衣人不由得张大了嘴巴："原来，你们，你们……"

小姑娘说："大师兄，别再固执了，跟我们回去吧！"

黑衣人脸上红一阵白一阵的，怒道："我不回去！你们再逼我，别怪我不客气！"

这时，厨房的门开了。一位鹤发童颜、精神矍铄的老人缓缓走了出来。看上去，他像这里的大厨。

黑衣人一见老人，浑身打战，不由得叫道："师……师父……"

老人走过来，背手而立，朗声说道："大鹏，你终于来了！"

原来，这位老人就是名满天下的武林大宗师。这个叫大鹏的，是他的大弟子，那个小胖子、小姑娘、店小二，分别是他的二弟子、三弟子和四弟子。几个弟子中，就数大鹏最不用功，所以，跟随师父六年，还没学到拿手的武功。反而，小师弟和小师妹很刻苦，小小年纪就身怀绝技。

三个月前的一天，大鹏挨了师父一顿训，一时气不过，就偷偷跑下了山。临走时他还拿走了师父收藏多年的几本武功秘籍。

可是，这些武功秘籍，他练来练去，总也练不好。尤其是那套《九阳神功》，越练越迷惑。这天，听说石阶镇开了一家"神功快餐"酒楼，大鹏便找了过来，一打听，竟然有"九阳神功"这道菜，于是决定试一试。没想到，竟然在这里碰到了师父他们——原来师父开这家酒楼，就是为了引自己前来。

"大鹏啊！"师父语重心长地说，"练武功，不下苦功夫，仅凭一两本所谓的秘籍，终究是没有什么用的！你师弟、师妹们的武功，那可不是吃'神功快餐'吃出来的！现在，你明白了吧？"

大鹏点点头，羞愧难当。

师父看了看周围的人，继续说道："我们师徒几个来到此地，开这家酒楼，其实是想告诉大家，世界上根本就没有'神功快餐'！练武功，跟做其他事一样，没有捷径可走！"

伤了手的大叔和劈了指甲的大婶听完老人家的话，都不由得低下了头。

师父看大家已有所悟，便走到柜台前，拿起那些武功秘籍，让弟子们送到众人面前："大家如果喜欢，尽可以去练习这些武功……但我送大家一句话，不管做什么，踏踏实实、勤学苦练才是最好的秘籍！"

遇水行舟 进退自如

我不是跳蚤侠

文/黄文军 图/米 米

我出生的时候，正是武林最为没落的时期。为了节省开支，各门各派不得不减少每年收徒的名额。毕竟，徒弟上门后要包吃包住，这可是一笔不小的开销！

就说大名鼎鼎的大雁门吧，当年的弟子可是多得数不清呢！他们走在大街上，一会儿排成一字形，一会儿排成人字形，可威风了。但今年，大雁门居然只收一个徒弟。还有赫赫有名的蜈蚣派，当年弟子们一入门，每人就能领到五十双鞋子，可气派了。但今年，蜈蚣派也只收一个徒弟。

像我这种穷苦人家的孩子，这些名门大派是挤不进去的，所以，只能退而求其次，去默默无闻的跳蚤帮学艺了。

我师父的江湖绰号是"蹦跳居士"。他十分喜欢蹦蹦跳跳——早晨吃油条的时候学蛙跳，中午吃大饼的时候学兔子跳，晚上吃面条的时候学袋鼠跳。所以，我入门的第三天，他就因为急性阑尾炎发作，武功尽失。

没有了武功，师父便只能以口述的方式来教我。

"一只跳蚤灰又黄，前脚短来后脚长。"师父一字一句地传授我《跳蚤神功》。

"可是师父，我只有左脚右脚，没有前脚后脚。"我有些疑惑。

"前脚就是左脚，后脚就是右脚，笨！"师父很不客气地骂了我一句。

"可是师父，我的左脚和右脚一样长啊！"我依旧茫然不解。

"你可以左脚穿一只鞋底薄的鞋，右脚穿一只鞋底厚的鞋，笨！"师父又瞪了我一眼。

"哦！"我只得从柴堆里劈出两块薄厚不一的木板，粘在鞋底上。

"一跳跳，二跳跳……"师父见我搞定了鞋子，继续念道。

于是，我就像吃了当今的武林盟主——炫迈道长秘制的仙丹一样，一直跳呀跳，根本停不下来。

三个月后的一天晚上，师父丢给我一文钱说："你下山去买些鸡血、鸭血、鹅血回来。跳蚤最爱吸血，想练成神功，你必须多补血。"

我依言下山了。在山下的集市上，我接连见到了大雁门和蜈蚣派的新弟子。

大雁门的弟子说："学大雁神拳好无聊呀，天天不是捉青虫就是捉蚯蚓。"

蜈蚣派的弟子说："学蜈蚣魔腿好无聊呀，天天不是穿鞋子就是补鞋子。"

大家吐槽来抱怨去，都是一肚子委屈。最可悲的是，我们每人都只带了一文钱，而集市上的东西没有售价低于三文钱的。买不到各自想要的东西，我们只得坐在一起，一边互相诉苦，一边唉声叹气。

"嘿！大雁门的小兄弟，你下山是来买大雁吃的虫子的，对吗？我们山上跳蚤成灾，不如你带着大雁飞过去饱餐一顿吧，这里的虫子要一百文一桶，去我们那里，我只收一文钱！"我灵感突至，原地蹦了起来。

"呀！跳蚤帮的小兄弟，你要的鸡血、鸭血、鹅血，我们蜈蚣派多的是。你知道吗？俗话说'铁鸡斗蜈蚣'，要想练好蜈蚣魔腿，就要努力战胜铁鸡、铜鸭、银鹅，所以我们养了好多鸡、鸭、鹅。今天师父生日，我们准备宰杀鸡、鸭、鹅，不如我将它们的血一文钱卖给你吧。"蜈蚣派的弟子也开口道。

真是太棒啦！我的一个小想法居然引出别的好主意，还解决了大家的难题。

不久，我们便深刻地认识到：这个世界上并不存在神功，学习武功，只为强身健体，科学和商业的振兴才是必然的。

很快，我们几个在山下开了一个火爆异常的跳蚤市场，专卖自己不要而别人想要的东西，既养活了自己，又方便了他人，多好啊！

遇水行舟 进退自如

夸父逐日

文/龙 芊
图/米米儿插

红日升起时，神采奕奕的人们互相打着招呼，其中最惹眼的便是年轻的族长夸父。他穿着粗麻布制成的马甲，有着壮实的胸膛与手臂；还未到而立之年的他，不但散发出属于青年人的飒爽英气，还有着作为一族之长的责任与抱负。

这时，一名妇人跌跌撞撞地从黑洞洞的屋里走出来。夸父皱紧眉头，快步过去扶着她。那妇人呆呆地望了他一眼，旋即便像抓住了救命稻草一般撕心裂肺地哭道："族长啊！昨晚连我的丈夫也被野兽抓去了，我该怎么办才好？"

夸父安抚了她一会儿，将她交与自己的母亲照顾，然后从田地里唤来他的兄弟："兄弟呀，你与我的品行、能力皆不相上下，如今我要远行，我将族长之位传予你。"兄弟对他的这一突兀举动感到惊讶，问他："出了什么事？"

夸父仰头，望向天上那璀璨的光球："我们族人的一切皆是那太阳给的，每一日半数是光亮，半数是漆黑；于是半数是安全，半数是危险；于是半数属于我们，半数属于野兽。这看着像是平等的，其实并不公平。我们的躯体不可能比猛兽强壮，夜里没有太阳的庇护，猛兽就会把我们的家园撕碎，让族人哭泣。"

兄弟并不是不知道这些道理，但也无计可施，便又问："那你要做什么？"

"我要随那太阳去寻找太阳落下的地方，然后想办法阻止它落下来。只要太阳一直高挂空中，野兽便不敢侵袭我们。"夸父回答。

"兄弟，族人就交给你了。"夸父拍拍兄弟的肩膀，转身沿着河岸向远处走去。

夸父沿着河岸一直走，太阳看似静滞地悬在那儿，发出炫目的光芒。

夸父不知道自己走了多远，四周只有苍茫的土地与奔腾的河水，他连一丝人影也看不见。他感到孤独、恐惧、空虚，但那些情绪转瞬即逝——他只是感到自己在行走，直到他觉得那太阳越发火热，嗓子火辣辣的，粗麻衣被汗水浸得有些糜软才停下来，朝着身旁的河水走去，掬起水来喝。

喝完水，夸父惊叫一声，心中满是无奈和恼怒——这太阳先前总是在一个位置上，一会儿却走了那么远，好像在玩弄他一般。他赶忙起身想要追赶，却脚下一软，摔在了泥地里。夸父已经太累了。他不甘地咬紧牙关——这时候要是有酒喝，身子就能暖和，就有力气站起来了。他努力地用颤抖发软的双臂支撑着身体，试图起身，而就在这时，一股醇香的酒味钻入他的鼻孔之中。他左顾右盼，难以置信地用手指蘸了蘸河水，放进口中，爽口香醇的酒味便在口腔中扩散开来。夸父舒适地闭上眼，畅饮起来，当他睁开眼睛时，那一望无垠的黄河已经干涸，只剩下涓涓细流在不疾不徐地挪动着。

夸父望着那轮被山顶挡住些许的血红夕阳，重新迈出了脚步。他感觉到有一股力量奔涌而出，他的脚步越来越快，越来越快，像是一阵火热的风，向着太阳的方向飞速前进。夸父感到自己的双足还触着地面，却仿佛已经飞翔在空中，更像是毫无实感地在一无所有的繁乱世界中穿行。他的眼前有那么一瞬间模糊了，他看到了族人、田地、奔流的黄河、明媚的蓝天、兄弟、无助的村民、野兽的目光……然后这一切转瞬即逝，他的眼前只剩下血红的夕阳，居高临下地向山里沉去……然后一切都暗了下来。

夸父又一次倒下了，他躺在地面上平缓虚弱地呼吸着。他忽然感谢这清凉的空气，感谢这草叶与泥土的清香，感谢创造了这一切的，光芒四射的壮丽开端——太阳。夸父笑了，随即沉沉睡去。

遇水行舟 进退自如

廉广的神笔

文／一苇

从前，泰山脚下有个少年，名叫廉广。廉广喜欢画画，画什么像什么。但是，他家境贫寒，没机会读书习画，只好到一个医馆去当采药的学徒。

一天，廉广上山采药，遇上暴风雨，他没有带雨具，便跑进一座破旧的山神庙躲避。庙里坐着一位老人，看见廉广，问他："小伙子，你的药篓里有治疮肿的草药吗？"

廉广打开药篓，取出草药，捣烂了，敷在老人手背的疮肿处。

待到雨散云收，已经是午夜时分，天空现出一轮明月，月色澄澈金黄。老人送廉广下山，走到山下，他从怀中取出一支五彩笔，递给廉广，对他说："廉广，我是泰山的山神，送给你这支神笔，你想要什么，就拿它画什么，一定会灵验的。但是，你最好保守秘密，否则会招来灾祸。"

立志·炉边故事汇

廉广接过神笔,俯身拜谢,等他站起身,山神已经不见了。

廉广回到家,立即铺开画纸,画了一只母鸡。母鸡"咯咯"叫着,扑扇着翅膀,从画纸上飞起来,飞进柴房,下了一个蛋。

廉广高兴坏了,马上又画了一条狗、一群羊。狗和羊都成了真。天一亮,廉广就赶了羊到市集上去卖,得到一笔钱。

钱来得太容易了,廉广不敢再画,他把神笔藏在怀里,老老实实到医馆做事。

过了两年,廉广娶了媳妇,搬到中都县居住。中都县县令姓李,县尉姓赵,他们都喜欢画画,爱附庸风雅,听说廉广的画技出神入化,于是把廉广请到府上喝酒。酒过三巡,李县令问他:"廉广,听说你有一支神笔,画的骏马能日行千里,是真的吗?"

廉广笑着说:"这怎么可能呢?"

赵县尉说:"我听人说,泰山脚下的耕牛呀,至少有一半出自你的手笔,难道传言都是假的吗?"

廉广放下酒杯,神情很无奈:"道听途说,三人成虎,廉广也是百口莫辩啊!"

过了两天,赵县尉粉刷了官舍的外墙,无论如何,一定要廉广在上面画一百名步兵,为他守家护宅。廉广推托不了,只好在那面墙上绘画步兵。他怕那些步兵变成真人,就没有给他们点睛。

李县令见赵县尉的步兵墙有威有势,不肯吃亏,也粉刷了一面外墙,要廉广画一百名骑兵。廉广没办法,只得去画。没多久,画好了,那一百名骑兵也画得有威有势,只是没有点睛,个个是空瞳子。

没想到,到了中秋节,明月当空,月光照亮了墙壁上士兵的瞳子,那两百名士兵竟然从墙壁上跳了下来,跑到校场厮杀。那天半夜,小孩子听到你死我活的呐喊声,吓得号啕大哭;女人们从睡梦中惊醒,整夜不能安眠。李县令和赵县尉清晨起身,查看那两面墙壁,发现画里的士卒丢盔弃甲,场面混乱不堪,不由得勃然大怒,命人找来廉广,打了他三十板子,命他重新画。

15

遇水行舟 进退自如

廉广用泥涂掉那两百名士兵，粉刷了墙壁，不敢再在上面画东西。他回到家中，连夜画了一套马车，把家搬回泰山。

然而，廉广的画艺越传越神，终于传入京城，被皇帝知道了。皇帝宣召廉广入宫，请他在御花园的画壁上画一条金甲的神龙。

廉广不敢抗旨，只能摒除杂念，全心全意描绘那条神龙。没想到，才画完最后一笔，突然大雾弥漫，神龙尾巴一摆，从画壁上飞出来，腾着云驾着雾，升上了天空。随即，京城电闪雷鸣，下起了大雨。大雨下了十天十夜，总不停歇，大水漫上街市，人人苦不堪言。皇帝害怕起来，怀疑廉广故意使妖法捣乱，于是不问青红皂白，把他关入大牢。廉广担心皇帝会杀他，就在墙上画了一扇窗，又画了一只大鹤，在一个月黑风高的夜晚，廉广骑上大鹤，飞上天空，召唤天上的神龙，一同飞回泰山。

从那以后，廉广隐姓埋名，开了一家小药铺，在民间卖药行医。

廉广随身携带着那支神笔，但是很少使用它。只有在严寒的冬天，大雪封山，采不到药的日子，他才会在自家的画壁上描绘需要的草药，然后移植到后园的药圃里。

后记：庄子曾经赞美乌有之乡的一棵大树，因为没有用处，它最终得以成为自己。孔子说，君子不要成为器具，要成为你自己。故事里的廉广最终明悟了这一点，于是，神笔不再带来祸患，而廉广终于成为他自己。

立志·炉边故事汇

十二生肖的传说

文 / 牛保军
图 / 米米儿插

远古时期，有神仙建议用十二生肖来纪年，玉帝同意了，并命令仓颉承办这件事。

这年正月初一，玉帝诏令天下所有动物到宫殿前候选。动物们得知消息后，个个欢呼雀跃，争着准备去赴会。牛知道自己腿脚慢，便在大年三十晚上就动身，结果赶了个第一名，虎第二个赶到，第三个是兔，第四是龙，后边依次是蛇、马、羊、猴、鸡、狗、猪、鼠。

龙本来生得威风凛凛，浑身闪闪发亮，美中不足的是头顶光秃秃的，似乎缺了点啥。龙刚从潭中跃出水面，一眼发现了大公鸡。大公鸡不仅羽毛漂亮，头上还长着一对美丽的角，龙一下子动了心，上前向大公鸡借它头上的角。大公鸡摇了摇头："不成，我明天还要参加生肖竞选大会。"龙说："你一身羽衣五彩斑斓，准能入选。角长在头上也是多余。"大公鸡爱听奉承，但仍犹豫不定。这时爬来了一条大蜈蚣："鸡大哥，你把角借给龙大哥吧。你要是不放心，我来做个保怎么样？"大公鸡见有蜈蚣做担保，便放心答应了。龙万分欢喜，承诺生肖竞选大会结束后就把角还给大公鸡。

17

遇水行舟 进退自如

老鼠与猫本来是一对好朋友。猫贪睡，临去赴会前，对老鼠说："明儿一早你起来后叫我一声好不好？"老鼠连连点头："好啊。"猫放心地去睡大觉了。老鼠一觉醒来，天已经不早，待它要去叫醒睡得正香的猫时，忽然

转念一想：我何必多一个竞争对手呢？于是，它撇下猫独自走了。

生肖竞选大会真热闹！天上飞的，地上跑的，水里游的，树上栖的都聚到了一起。玉帝从百兽百禽中挑选了十二种动物，随后准备给它们排次序。玉帝心想：牛虽然很笨，但身体魁伟健壮，力气大，又来得最早，就把牛排在首位吧。老鼠长得不起眼，来得又晚，应当排最后。

于是，玉帝按照心中所想宣布了十二生肖的排位。玉帝话音刚落，老鼠灵机一动，一下子跳到了玉帝面前，说："要说大，还得数我。不信请老百姓鉴定一下。"

玉帝觉得老鼠的话很好笑，认为它不知天高地厚，便说："既然我们是为百姓选生肖，由百姓来鉴定一下当然更好。"他传下旨意，让十二种动物都到街上走一趟。牛上了街，人们对它很友好，摸摸头或者赞扬牛几句，却没有一人说牛大。这时，老鼠突然蹿上了牛背，人们吓了一跳，有人惊呼："哎呀！这只老鼠真大。"这一喊，让老鼠得逞了。玉帝又不能说话不算话，只好让老鼠排在了十二生肖首位。

老鼠很得意，回家后，见猫刚刚睡醒，便炫耀道："猫兄，生肖竞选大会开完了，我被选为第一。"猫一听，瞪大了眼吼道："什么？你为什么不叫醒我？"说完，猫猛地扑向了老鼠，老鼠见猫动怒了，吓得慌忙逃回鼠洞。从此，猫和老鼠就成了对头，一直到今天。

大公鸡被排在龙的后面，心里很不服气，它暗自后悔不该把角借给龙。散会之后，大公鸡急忙去讨要自己的角。龙见了大公鸡，自知理亏，却又不想归还，于是跳进身边的深水潭躲了起来。大公鸡不会游泳，只好去找做担保的蜈蚣。蜈蚣也

耍了赖："龙大哥硬是不还，我又能怎么办？"说完，蜈蚣也躲了起来。

从此，大公鸡的头上再也没有角，只留下红红的鸡冠，每天早晨它就登上高处大喊大叫："龙哥哥，把角还给我！"

知识小链接

十二生肖中为什么没有猫

很多人都觉得奇怪，猫和我们的关系这么密切，可为什么十二生肖中没有猫呢？

这是因为十二生肖出现时，猫（今日之家猫）还未加入"中国籍"呢。据记载，十二生肖最早出现在春秋战国时期。但在汉朝以前，我国只有野猫，即《礼记》中所说的山猫。猫的故乡据传是印度，它们最早被人们称为"沙漠猫"。汉朝时，随着佛教的传入，"沙漠猫"才传入中国。这与十二生肖的出现，已相距近千年。

遇水行舟 进退自如

神奇的"天灯"

文/张 冲

三国时期，蜀汉的诸葛亮与曹魏的司马懿之间经常打仗。

一天，诸葛亮带领一队人马占领了平阳城。

诸葛亮刚刚在城头坐下，就有士兵来报："报，司马懿的部队攻过来了。"

诸葛亮抬眼一看，城外黑压压的一片，看来司马懿的兵力比自己的多多了。他赶忙命令道："关好城门，守住阵地！"

司马懿的部队里三层外三层地把平阳城团团围住。

这天夜里，诸葛亮派出一支小部队打前锋，想冲出城门，杀出一条血路突围。不料，先头部队刚冲出城门，就被对方打了回来。

几天后，士兵们快没有东西吃了，再不突围大家都会被活活饿死。一名士兵向诸葛亮报告："报，军中已无粮食！"诸葛亮眉头紧锁，不知如何是好。

晚上，诸葛亮登上城楼，一名士兵不小心打翻了灯笼。灯笼燃烧起来，火苗直往上蹿。诸葛亮眼睛一亮，一个念头当即冒了出来，他一拍脑袋说："有办法了！"

诸葛亮叫士兵取来纸张和竹条，扎了一顶纸帽子，还在纸帽子口用竹条扎了个十字形的架子。

诸葛亮取来可以燃烧的松脂放在十字形架子的中心，又亲手点燃了松

脂。松脂燃烧起来，火苗直往上蹿，不一会儿就把纸帽子里的空气烧热了。诸葛亮慢慢松开手，纸帽子当即飞上了天。士兵们惊奇地喊道："天灯，天灯啊！"诸葛亮也高兴地说："太好了！太好了！"

诸葛亮当即命令士兵都来做这种纸帽子，还在纸帽子上写了"平阳告急，火速救援"。

一连几天，诸葛亮不停地观察天象，直到有一天他预测晚上即将刮起东北风，于是马上召集将士部署突围计划。

将士们接到任务，都给自己戴上了鬼脸。有的士兵悄悄说道："看到我们这个样子，敌人准会把我们当成天兵天将的。"

就这样，一千多盏"天灯"被分成两组，放在了城楼上。

半夜，当东北风徐徐刮来的时候，诸葛亮命令道："第一组，点灯！"

点亮的"天灯"齐刷刷地飞上天，在风的吹动下向西南方向飘去，那里有诸葛亮的一支外围部队。同时士兵们在城头上高喊："诸葛先生坐着天灯突围啦！"

围在城外的敌军看到"天灯"，又听到喊声，大吃一惊，连忙去向司马懿报告。

司马懿只见过萤火虫在天上飞，从来没看过"大灯笼"在天上飞。他抬头仰望"天灯"命令道："快追！不能让诸葛亮跑了！"

遇水行舟 进退自如

　　司马懿带着士兵朝"天灯"飞的方向追去。没过多久，又一组"天灯"从平阳城的城头飞了起来。随后，城门打开，一群鬼头兽身、五彩涂面的怪人冲了出来。魏军剩下的将士以为是天兵天将，吓得四处逃散。

　　诸葛亮乘机带着将士们冲出城来，把乱成一锅粥的魏军打得落花流水。

　　"天灯"落到了诸葛亮的外围部队那里，将士们看到后，连夜向平阳城进发增援。

　　诸葛亮的部队会合了，他们重新部署兵力，准备和司马懿决一死战。

　　一盏"天灯"落在司马懿的面前。司马懿见了，长叹一声："什么天灯呀，不就是一个封了口的纸灯笼嘛，我怎么就没想到呢？诸葛亮太聪明了！"

　　在这场突围战中，诸葛亮的人马也死了不少。为了悼念这些阵亡的将士，诸葛亮又让士兵们扎了许多彩色的"天灯"。

　　晚上，诸葛亮和将士们一起点亮"天灯"。"天灯"飞上天空，像满天繁星在闪烁。

　　后来，人们把诸葛亮发明的"天灯"称为"孔明灯"。每逢节日的夜晚，男女老少都会亲手写下祝福的话，让孔明灯带到天上，表达自己的心愿。

知识档案

　　孔明灯是用纸糊制而成的，利用空气受热膨胀产生的浮力与重力差升空，它携带的燃料可供其升空飘浮约一小时。

　　由于孔明灯易燃，若有不慎会引发火灾，目前我国不少地方禁放孔明灯，大家要注意哦！

立志·炉边故事汇

李白求师

文 / 杨浩然

李白晚年仕途很不得志,他怀着愁闷的心情往返于宣城、南陵、歙(shè)县(位于今安徽省)、采石矶等地,写诗饮酒,漫游名山大川。

一天清晨,李白像往日一样,在歙县街头的一家酒店买酒,忽听隔壁的柴草行里有人在问话:"老人家,你这么大年纪,怎么能挑这么多的柴草呢?你家住哪儿?"

先是一阵爽朗的笑声,接着,便听见有人在高声吟诗:"负薪朝出卖,沽酒日西归。莫问家何处,穿云入翠微!"

李白听了,不觉一惊。这是谁?竟能随口吟出这样动人的诗句。他问酒保,酒保告诉他,这是一位叫许宣平的老翁,他看透了世俗,隐居深山,但谁也不知道他住在哪座山里。最近,他常到这一带来游历,每天天一亮,就见他挑柴进城,柴担上挂着花瓢和曲竹杖。卖掉柴就打酒喝,喝醉了就吟诗,一路走一路吟,过路的人还以为他是疯子呢。

李白暗想:这不是和我一样的"诗狂"吗?他马上转身出门,只见那老翁上了街头的小桥,虽然步履艰难,但李白无论怎么赶也赶不上。

追上小桥,穿过竹林,绕过江汊(chà,河流的分岔),李白累得气喘吁吁,腰酸腿痛,定神一看,老翁早已无影无踪了。李白顿足长叹:"莫不是我遇上了仙人!"

李白撩起袍子又赶了一程,还是不见老翁,只好失望地回来。

那天夜里,李白怎么也睡不着,回想起自己大半辈子除了杜甫,还没结识几位真正的诗友,没想到今天竟遇上这样一位高人,可不能错过机会,一定要找到他!

第二天,李白在柴草行门口一直等到日落西山,也不见老翁的踪迹。

23

遇水行舟　进退自如

第三天，第四天，同样落空。

第五天一早，李白背起酒壶，带着干粮上路了。他下了最大的决心，找不到老翁，就住进这山林里。

翻过座座开满野花的山冈，蹚过道道湍急的溪流，拨开丛丛荆棘，整整一个多月，还是没见到老翁的影子。李白有点泄气了。这时候，他回想起少年时碰到的那位用铁杵磨针的婆婆。婆婆说得好："只要有决心，铁杵磨成针。"要想找到老翁，就看自己有没有毅力了。想到这里，李白紧紧腰带，咬咬牙，继续往前走。累了，趴在岩石上睡一会儿；饿了，摘一把野果充饥；酒瘾上来了，就捧着酒壶美美地喝上一口。

这天黄昏，晚霞把天空染得通红通红，清泉与翠竹互为衬托，显得分外秀丽。李白一心惦念着老翁，哪顾得上欣赏美景？他拖着疲惫的身子，一瘸一拐地来到黄山附近的紫阳山下。转过山口，只见前面立着一块巨石，上面似乎还刻着字。李白忘记了疲劳，一头扑上去，仔细辨认起来。哦，原来是一首诗：

隐居三十载，筑室南山巅。静夜玩明月，闲朝饮碧泉。
樵夫歌垄上，谷鸟戏岩前。乐矣不知老，都忘甲子年。

连读三遍，李白失声叫道："妙哉！妙哉！真是仙人之声啊！"心想：见到老翁，一定得拜他三拜，好好请教请教。虽说自己也跟诗词打了几十年交道，但这散发着野花香味的诗文还真是头回领略呢。

立志·炉边故事汇

他回转身，看见岩石边的平地上摊着一堆稻谷，心想：准是老翁晒的。李白索性往边上一蹲，一边欣赏山中的景致，一边等老翁来收谷。

天黑了，李白忽然听到山下传来阵阵击水声，循声望去，只见山下的小河对岸划来一只小船，一位须发飘飘的老人立在船头弄桨。李白上前询问道："老人家，请问，许宣平老翁家在何处？"

原来这位老人正是李白要找的许宣平老翁，上次他见李白身穿御赐锦袍，以为又是官家派来找自己去做官的，所以再也不去歙县了。没料到，此人竟跟踪而来。老人瞟了李白一眼，随手指指河上的小船，漫不经心地答道："门口一竿竹，便是许翁家！"

李白抬眼望了望郁郁葱葱的山峦，又问："处处皆青竹，何处去找寻？"

老人重新打量起这位风尘仆仆、满脸汗水的客人，反问道："你是……"

"我叫李白。"说着，李白深深地一揖。

老人愣住了："你就是李白？"

李白连忙说明了自己的来意。老人一听，双手一拱："哎呀，你是当今的诗仙，我算什么，不过是诗海里的一滴水罢了。你这大海怎么来向一滴水求教？实在不敢当！"说完，他撑起船就要往回走。

李白一把拉住老翁的衣袖，苦苦哀求道："老人家，三个月了，我风风雨雨到处找你，好不容易见到你，难道你就这样打发我回去不成？"

李白真挚的话语打动了老人。两人对视了好久，老人猛地拉住李白，跳上了小船。

从此，无论是在漫天的朝霞里，还是在落日的余晖中，人们经常看到李白和这位老人，坐在溪水边的大青石上吟诗作对。

至今，许多游人来到黄山，总爱顺着淙淙的溪水，去追寻李白的游踪。在鸣弦泉下，有一块刻着"醉石"二字的巨石。传说，当年李白和老人就是在这里欣赏山景，饮酒吟诗。他们经常用旁边的泉水来洗酒杯，所以这泉就叫"洗杯泉"。

25

遇水行舟 进退自如

良驹多挨鞭　文/陈亦权

墨子年少的时候，曾跟随鲁国的史明学习，是史明最得意的弟子。按理说，他应该受到老师的优待才对，可史明常常会因为很小的错误而严厉批评墨子。

有一次，墨子因为写错了几个字被史明训斥了一番，但其他写错字的弟子都没被训斥。墨子心里很不舒服，站起来说："老师，为什么我们犯了同样的错误，您批评我就特别厉害呢？我觉得这样很不公平！"

史明把他叫到屋外，问："假设有两个任务，一个是去太行山，一个是在家拉磨，你觉得让良驹和毛驴分别做什么好？"

"当然是让良驹去太行山，让毛驴在家里拉磨呀！"墨子回答。

史明又问："奔赴太行山的良驹和在家拉磨的毛驴相比，你觉得谁挨的鞭子会更多？"

"当然是良驹，毛驴拉磨只要慢慢走就行了，而良驹要赶速度，就会经常挨鞭子。"墨子说。

史明满意地笑着说："那么，你应该明白我常常责骂你的原因了，我这样做就是因为只有你才担得起上太行山的重任，也只有你才值得我去严格要求！"墨子恍然大悟，再也不因为老师的批评而暗暗生气了。他反思自己的过错，更加努力地投入学习中去，后来成了著名的思想家。

素材点拨：爱之深，责之切。只有最上等的铁，才有被千锤百炼的资格，最终成为宝剑。

伯乐驯马

文/谷微黄

秦穆公让伯乐给他寻了五匹千里马。过了一年,秦穆公问伯乐:"你去年帮我找的那五匹马是不是真正的千里马?我昨天让它们跑了一天一夜,它们怎么连八百里都跑不了啊?"

伯乐说:"臣怎敢欺骗您呢?请问大王,这一年来,您是怎么驯养这些千里马的呢?"

秦穆公说:"我让它们住在最好的马厩里,吃最好的草料,一点活儿也舍不得让它们干。"伯乐说:"大王,您让这些马整天养尊处优,无所事事,时间长了,它们的才能自然会退化。从现在起,臣将对它们加强训练。"

伯乐先让人捉来一只老虎,并把老虎关在笼子里饿了三天。然后他将那五匹马和老虎一起放到了秦穆公的游猎场。饥饿的老虎一见到那五匹马,立即追向它们。那五匹马一见老虎追来,就拼命地逃跑,一匹跑得最慢的马成了老虎口中的美味。

过了五天,伯乐还是这样做,跑得最慢的那匹马又成了老虎口中的美餐。

到了第十天,老虎怎么也追不上剩下的三匹马了。这时,伯乐对秦穆公说:"现在剩下的这三匹马已经恢复千里马的才能了。"

素材点拨:没有压力就没有动力,没有动力就无法激发潜能。适当的压力对成长是有好处的。

遇水行舟 进退自如

叶天士学艺

文/张珠容

清代名医叶天士医术高明，天下闻名。一次，一名上京赶考的举子经过苏州，觉得身体不适，就去叶天士那里就诊。叶天士问举子哪里不适，举子回答说自己每天都觉得口渴，不停地想喝水。叶天士细细诊断之后很遗憾地摇了摇头。原来，举子内热太重，得了"消渴症"，活不过百天。

这位举子坚持赴考，经过镇江的一座庙宇时，他碰到了一位老僧人。老僧人也懂些医术，他听说举子得了"消渴症"，活不过百天，十分同情，便建议举子去试一个偏方。

举子想，反正我命不过百天，试试也无妨。于是，他坚持服用偏方煎的药。结果竟然一路平安无事，还一举考中了进士。衣锦还乡的时候，举人特地到镇江答谢了那名老僧人。

举子离开不久，一名乞丐来到老僧人所在的庙里，想拜他为师。老僧人心慈，就收下了这个徒弟。过了三年，乞丐把老僧人的德学才艺都学到了手。一日，老僧人为乞丐整理好行装，要"赶"他下山："你现在的医术，完全超过江南名医叶天士了。"

乞丐一听立即下跪，然后道出原委："师父，其实我就是叶天士！"

原来，举子衣锦还乡时也经过了叶天士那里。叶天士看他不但活得好好的，还容光焕发，顿觉奇怪。举子便把自己的奇遇告诉了叶天士。叶天士听完，觉得那老僧人一定有过人之处，就想去请教一番。他想到自己若以真实身份去拜访，对方必定恭恭敬敬，就干脆打扮成一名乞丐，跑到老僧人所在的庙里谦虚求学。

素材点拨：即使是一代名医，也在谦虚地向别人学习，不断完善自己的人生。叶天士见贤思齐的品格值得我们学习。

"笨蛋"祖冲之

文 / 侯美玲

启蒙之年,祖冲之同伙伴一起学习《弟子规》《诗经》。到了九岁,小伙伴已经开蒙,唯独祖冲之被落下,无法进入私塾继续读书。父亲见状,只好亲自教儿子读书。

每天早晨,父亲去衙门之前,会为祖冲之布置一个背诵篇目。到了晚上,父亲检查儿子的背诵情况。祖冲之低头站在父亲面前,面红耳赤,嘴里磕磕绊绊地背不下去。父亲见状,气得拿起戒尺朝祖冲之的屁股打去,嘴里还不住地骂道:"笨蛋,笨蛋。"时间久了,祖冲之每每见父亲让他背诵,立马吓得脸色发青、浑身发抖。爷爷祖昌见状,把孙子拉到自己的怀中,爱惜地说:"我孙子不是笨蛋,他聪明着呢!他就是在学习方面不开窍。"

自那天起,爷爷再也不许父亲管教祖冲之了,他亲自带着祖冲之学习。爷爷是"大匠卿",负责管理朝廷的营造设计。祖冲之跟着爷爷走南闯北,耳濡目染,学习了很多建筑和机械制造方面的知识。到了晚上,祖孙俩坐在院子中央,一起看天上的星星。遥远的夜空使祖冲之产生了无限的遐想。

于是,爷爷带着祖冲之去拜访朋友何承天,他是一位精通天文的官员。祖冲之跟着何承天观测日月星辰的运行轨迹,并在他的引导下研究天文历法和数学。几十年后,经过刻苦的钻研和不懈的努力,祖冲之在前人的基础上,第一个把圆周率推算到了小数点后 7 位。同时,他在天文学方面大放异彩,制定了新的历法《大明历》。不仅如此,祖冲之还进一步改造了指南车、水碓磨,做出了千里船、定时器等精巧的设备。

素材点拨:聪明和笨拙是相对的,有些人在某些方面很聪明,但在其他领域不见得聪明。聪明和笨拙不能千篇一律地用学习文化知识来衡量,应该多方面综合考虑。

遇水行舟 进退自如

扁鹊学医

文/佚 名

在离扁鹊家不远的地方，有一位名叫长桑君的老大夫，医术高明，四乡驰名。他发现扁鹊是棵好苗子，有意将自己的医术传授给他。

一天，长桑君把扁鹊叫到面前，开门见山地说："你如果愿意跟我学医，就到南山采药去吧，一年之后再来见我。"扁鹊毫不犹豫地点了点头，第二天一早，就带着工具和药样出发了。他翻过一座座险峻的山峰，穿过一片片遮天蔽日的森林，采啊，挖啊，不知不觉，一年过去了。他不仅认识了许多药材，而且基本掌握了这些药材生长、采挖的规律。

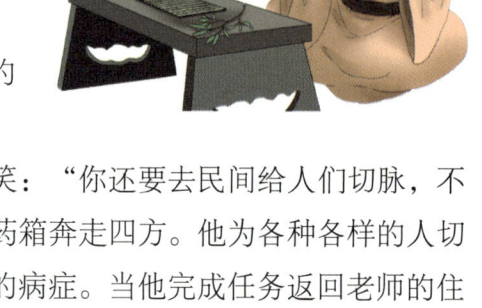

长桑君见扁鹊满载而归，微微一笑："你还要去民间给人们切脉，不完成五千例不能回家。"扁鹊又背着药箱奔走四方。他为各种各样的人切脉，从脉象的变化中，细细揣摩人体的病症。当他完成任务返回老师的住处的时候，不禁大吃一惊，只见长桑君正躺在床上低声呻吟。原来，在扁鹊外出期间，长桑君不幸中风偏瘫，右半身不能动弹。扁鹊不顾旅途劳累，放下行李就给长桑君烧水煮饭，熬汤煎药。

夜深了，长桑君把扁鹊唤至床前，温和地说："你已经经受住了三次考验：上山采药，对你识药用药大有好处；按脉切诊，对你断病治病甚有帮助；今天，我又看到你对病人体贴入微，胜似亲人。作为一名好医生必须具备的三点，你都有了。我可以放心了。"说到这里，老人用颤抖的左手从枕下摸出珍藏多年的医书，小心翼翼地交给了扁鹊。

从此，扁鹊边攻读，边实践，医术提高得更快了，终于成为一代名医。

素材点拨：学习一门功课或者手艺，一定要意志坚定，不怕困难。

柳公权发奋练字

文/佚 名

有一天，柳公权和几个小伙伴举行"书会"。这时，一位卖豆腐的老人看到他写"会写飞凤家，敢在人前夸"，觉得这孩子太骄傲了，便皱皱眉头，说："这字写得不好，和我的豆腐一样软塌塌的，没筋没骨，还值得在人前夸吗？"柳公权一听，很不高兴地说："有本事，你写几个字让我看看。"

老人爽朗地笑了笑，说："不敢，不敢，我是一个粗人，写不好字。可是，有人用脚写的都比你写的好得多呢！不信，你到华京城看看去吧。"

第二天，柳公权五更就起来了，去了华京城。一进华京城，他就看见一棵大槐树下围了许多人。他挤进人群，只见一个没有双臂的黑瘦老头赤着双脚，坐在地上，左脚压纸，右脚夹笔，正在挥洒自如地写对联，笔下的字迹似群马奔腾、龙飞凤舞，博得围观的人们阵阵喝彩。

柳公权"扑通"一声跪在老人面前，说："我愿意拜您为师，请您告诉我写字的秘诀……"老人慌忙用脚拉起柳公权说："我是个孤苦的人，生来没有手，只得靠脚来混生活，怎么能为人师表呢？"柳公权苦苦哀求，老人才在地上铺了一张纸，用右脚写了一句话："写尽八缸水，砚染涝池黑。博取百家长，始得龙凤飞。"

柳公权把老人的话牢记在心，从此发奋练字。手上磨起了厚厚的茧子，衣肘补了一层又一层。经过苦练，柳公权终于成为我国古代著名的书法家。

素材点拨：任何出色的本领都是靠勤学苦练得来的。

遇水行舟 进退自如

传奇谋士姜子牙

文/黄志明

在动画电影《姜子牙》中，他是率领众神伐纣、赢得封神大战胜利的昆仑弟子。

在历史上，他是最负盛名的政治家、军事家和谋略家，是儒、道、法、兵、纵横诸家皆追捧、尊崇的"百家宗师"；他满腹经纶、文武兼备，无论是治国安邦还是用兵作战，都拥有高人一等的指挥能力。没错，他就是有"谋略家的开山鼻祖"之誉的姜子牙。

成名之前，命运多舛

传说，姜子牙的先祖为贵族，在舜帝时期做过官，而且屡立战功，被分封在吕地（今河南南阳），所以姜子牙还有个名字叫吕尚。不过，姜子牙出生时已经家道中落，好在他人穷志不短，每天都刻苦学习天文地理、军事谋略，期待有朝一日能施展才华。

后来，姜子牙终于如愿成为商纣王的臣子。可商纣王是中国历史上有名的暴君，在他的统治之下，奸臣当道，国家已濒临崩溃。于是，无法施展才华的姜子牙索性辞官，到各地游说去了。不幸的是，姜子牙没有遇到赏识自己的人，最后花光盘缠，只好回老家种地。

姜子牙种地，明明用的是跟别人一模一样的种子，可偏偏就他的地里不长稻子只长杂草。姜子牙不甘心，转而去打鱼，结果不但没捞着鱼，还把渔网弄丢了。这些都不算什么，就在姜子牙决定坚持理想、重出江湖，回到当年当官的旧地朝歌时，一系列轰轰烈烈的倒霉事件轮番上演。

倒霉事件1：姜子牙在朝歌投靠自己的表哥宋礼之后，便琢磨着做点小生意。他连夜赶工，编了一担笊篱（一种烹饪器具），第二天一大早便挑到城中去卖。可是，直到太阳下山，也没卖出去一个。原来，朝歌城中的人是不用笊篱的。

倒霉事件2：宋礼让姜子牙拿自家的面粉去卖。就在一位行人要买面粉时，一匹受惊的战马飞奔而过，马蹄正好钩到扁担上的绳子，结果面粉撒了一地。姜子牙连忙跑去收拾面粉，谁料突然刮起一阵狂风，把地上的面粉吹得漫天飞舞。再瞧姜子牙，浑身沾满面粉，孤零零地立在街头。

倒霉事件3：宋礼怕表弟不开心，于是拿了一些银子，让家仆领着姜子牙去朝歌城贩卖猪羊。当时正值久旱不雨，朝廷为了祈雨，下令不准屠杀牲畜。倒霉的姜子牙没有看到告示，刚把猪羊赶到城门边，就被官兵逮住了。姜子牙见势不妙，吓得转身就逃，而猪羊就这样被官兵没收了。

姜太公钓鱼

为了见到当时英明的王侯——西伯侯姬昌，姜子牙来到秦岭。这里山势挺拔，环境清幽，最适合潜心研究、等待机会了。为了消磨漫长无聊的时间，姜子牙跑到河边去钓鱼。不过，他钓鱼只用直针做钓钩，而且从来不挂鱼饵。这下，你知道歇后语"姜太公钓鱼——愿者上钩"是怎么来的了吧？

一个名叫武吉的樵夫本来很是瞧不起姜子牙，结果被姜子牙说中——他进城会打死人——原来，城里拥挤不堪，武吉的扁担不小心打中了一个人的耳根，那人立即倒地而死。就这样，武吉上了姜子牙的"钩"，跟在他身边学习兵法和武艺。

倒霉蛋转运了

一天，西伯侯到民间走访，遇到了一个唱歌的樵夫。

这樵夫不是别人，正是武吉，而武吉唱的歌是这样的："不是没有贤士，贤士就在山野之间。只因没有明君，贤士只能在溪边钓鱼……"

从武吉口中得知编歌的人就在溪边钓鱼后，西伯侯立即回朝，命百官斋戒三天，然后一起去聘请大贤士。西伯侯和姜子牙在渭水之滨相见。西伯侯从这位头戴斗笠、身披蓑衣的老者身上看到了智慧的光芒，立即拜姜子牙为国师。就这样，姜子牙的霉运终于结束了。在他的竭力辅佐下，西伯侯的儿子姬发灭掉商朝，建立了统一的政权，史称西周。

宋朝名人的另一个身份

没想到，语文课本中常见的宋朝名人，除了我们了解的身份，还有着别的隐藏身份，让我们一起来挖挖他们的故事吧！

文/吴 钧 图/米 米

① 辛弃疾是一名剑客

说起诗人辛弃疾，他还有另一个鲜为人知的身份：武功高强的剑客。辛弃疾年少时，他的祖父在金朝为官。但辛弃疾要效忠的是大宋，不是大金，所以他一心想回大宋。辛弃疾拉了一支两千余人的队伍，想加入耿京领导的山东义军。可待辛弃疾赶到山东时，得悉一个晴天霹雳一般的消息：耿京已被叛将张安国杀害，张安国投奔金营去了！于是，辛弃疾率领五十名勇士，直闯敌营，生擒张安国。

那年辛弃疾才二十三岁，关羽之勇，也不过如此吧！

② 朱熹是一位天文学家

朱熹是著名的思想家，但许多人可能不知道，他还是一位对宇宙充满好奇，并保持着终身思考的天文学家。尽管朱熹到老都不知道宇宙的尽头有些什么，不过他一直在对一些自然现象做出自己的解释。

他解释雨的形成："阳气正升，忽遇阴气，则相持而下为雨。"现在我们知道，雨是受热的水蒸气在高空遇到冷空气而形成的小水滴。他解释雷的形成："只是气相摩轧。"现在我们知道，雷电是云层的正负电荷相撞击而爆发的自然现象。可以看出，朱熹对这些自然现象的理解是相当接近科学解释的。难怪胡适认为："从某些方面来说，朱子本人便是一位科学家。"

③ 蔡京是福利制度推手

蔡京，宋徽宗朝宰相，也是著名的书法家，据说"宋体"就是他创造的。不过你是否知道，蔡京还是北宋福利制度最重要的推动者呢？

蔡京执政时，推动建立的国家福利制度包括三个体系：一为居养院，是政府设立的福利收养院，专门收养孤苦无依的老人、孤儿、弃婴、乞丐、残疾人等，被收养的儿童还将获得免费的基础教育；二为安济坊，是福利医院，免费收治穷苦的病人；三为漏泽园，即福利公墓。这三个福利体系，基本上涵盖了对穷人"从摇篮到坟墓"的救济。

历史上的蔡京被列为北宋"六贼"之首。不过，蔡京作为北宋福利制度重要推动者的这一身份，可以让我们更全面地认识他。

④ 苏轼是一位工程师

苏轼既是政治家、文学家，又是大书法家、美食家，不过你未必知道苏轼的另一个身份——充满奇思妙想的工程师。

苏轼晚年协助朋友修建了广州的自来水供水系统。你没听错，宋代广州已经建成自来水供水系统，它的设计师就是苏轼。今天的广州博物馆，还陈列着宋代自来水装置的模型。

凭着广州自来水工程的设计者身份，苏轼便可当之无愧地被称为工程师。昔日林语堂著《苏东坡传》，称"苏东坡是个秉性难改的乐天派，是悲天悯人的道德家，是黎民百姓的好朋友，是散文作家，是新派的画家，是伟大的书法家，是酿酒的实验者，是工程师"。林语堂果然是苏东坡的隔代知音，不忘将苏轼的工程师身份列出来。

遇水行舟 进退自如

清代女科学家王贞仪

文/大科技 图/孙小片

她身着汉服，手拿望远镜的形象被印在外国的明信片上，因为有着突出的科学成就而享誉世界；她只活了二十九岁，她的名字却在她死后的第203年成为一颗小行星的名字，她就是清代的女科学家——王贞仪。

读书行路

王贞仪出生在清乾隆年间江宁（今南京）的一个书香门第。她的祖父曾任宣化知府，家中藏有丰富的书籍，父亲精通医学，祖母和母亲也都是书香之家的大家闺秀，精通诗词。从小，祖父教她天文知识，祖母教她诗词，父亲教她医术，王贞仪勤于汲取知识的养分，喜欢钻研。

十一岁时，祖父身涉官场风波，王贞仪随家人北迁吉林。没多久，祖父在吉林病逝。祖父遗留下来的近万卷藏书成了王贞仪的宝藏，她整日埋头于书中，不分昼夜，废寝忘食。这些藏书中有不少是张衡、祖冲之、僧一行等古代著名科学家的著作，展现了天文、地理和数学的魅力，让王贞仪大开眼界。之后王贞仪随父亲到陕西、北京、广东、湖北和安徽等地游历，见了不少世面，真正做到了读万卷书，行万里路。

科普数学

数学方面，王贞仪阅读了梅文鼎（清初数学家、天文学家）的《笔算》《筹算》以及中国古代算学和西洋算学的著作后，写出了《勾股三角解》《术算简存》《筹算易知》《象数窥余》等数学书籍。这些数学书籍从内容上看，大多是对古人和西洋著作的高度概括和总结，但在数学方法和数学思想上，有着独到之处。

在数学中，同一个问题在处理方法上往往有

简繁、优劣之别。那些好的、简单的方法可以达到事半功倍的效果。所以，王贞仪非常注重化繁为简。王贞仪认为，梅文鼎的著作"即不胜繁，而其理要非易获"，所以她把自己多年的研究成果写成《术算简存》，达到了明白晓畅、简约易懂的境界。在《象数窥余》的序言中，王贞仪也明确谈到写作该书的目的——"务求其理众晓，且简直明晰"。

释疑天文

数学之外，王贞仪更喜欢天文学，她在该领域的收获也更多。在封建社会学习科学技术是非常难的，几乎没有什么从事天文研究的仪器和实验条件。但是，王贞仪很注重批判性地学习前人的经验，研读已翻译成中文的外国天文书籍，从中汲取有用成分。她还自己动手，因陋就简地制作简单的观测仪器。

有一次到了吃饭时间，母亲等了很久，仍不见她到来，便忍不住走到女儿房门口，从门缝向里张望，只见王贞仪正在屋内做实验。她把桌上的灯挂在梁上当作太阳，把小圆桌放倒扣在地上当地球，而她手里拿着镜子当作月亮，一边移动着反复实验，一边观察太阳、月亮和地球的位置及相互关系。就这样，她终于弄清了日食和月食，写出了解释月食成因的著作——《月食解》。每当晴朗的夜晚，王贞仪就坐在院子里仰观天上大小星辰的运动和变化，识辨各种云层的流动和形态，有时甚至观测到天明。她将自己的研究成果写成《经星辩》，正确地推导出了金星、木星、火星、水星和土星的旋转方向。

"于书无所不窥，于学无所不闻"是世人对王贞仪由衷的肯定，她被世界核心期刊《自然》称为"为科学发展奠定基础的女性科学家"。

秦良玉：何必将军是丈夫

文/黄 琦 图/孙小片

谁说女子不如男

明朝晚期，在西南地区，一场叛乱刚刚被平定，参与平定叛乱并立功的宣抚使马千乘，正在为上报功劳的事而犯愁。准确地说，他在为如何上报秦良玉的功劳而犯愁。

原因是，并非所有的有功之人都能在明朝平定叛乱的表彰大会上，以"先进个人"的身份接受上级颁发的"小红花"，并被写进功劳簿。写不进功劳簿的人，有的是功劳微小，有的是没人见证……秦良玉不同，她进不了功劳簿的原因只有一个——她是女子。

在古代，尤其是重视封建礼教的明朝，女子受到的限制非常多。有条件读书识字的女子要熟读《女诫》《女训》《女范捷录》等书，没条件的女子也要在亲人的言传身教之下学规矩。一个女子成婚后，受到的限制不能再用多来形容，而是苛刻：不能叉着腿坐，不能跟陌生男子说话，夏天不能穿短袖上衣露胳膊，

不能随便抛头露面……更别说带兵打仗了。

而秦良玉表示，不必担忧，本人上得去马，拿得动兵器，打起仗来一个顶仨。这次平叛，秦良玉"教科书"式地向叛军展示了什么叫势如破竹、势不可当、所向披靡、摧枯拉朽……她一路追到叛军的老巢，连破叛军七座寨子，把他们打到"怀疑人生"。秦良玉无暇顾及功名，在她看来，只要战事平息、国泰民安，是否论功行赏都无所谓。

她有两个愿望：一是明朝安定，二是家庭幸福。除此秦良玉再无他求。但是造化弄人，偏偏这两个愿望，一个都没能实现。

不甘心的巾帼英雄

最先破灭的是第二个愿望。秦良玉的丈夫马千乘得罪了小心眼儿的太监邱乘云。这个邱公公找了个理由诬告马千乘，害他含冤入狱，病死在狱中。

丈夫的离去，对秦良玉打击很大。而家里除了她，只有尚未长大的儿子，他们母子二人必须有一个人继承丈夫的事业。可儿子还小，自己又是女子，如果带兵打仗，难免会被人说三道四。"管不了那么多了！"秦良玉一咬牙，决定自己来。从此，世上再无马夫人，只有秦将军。

恰逢此时，东北地区传来军情，有一股叫作后金的强大势力入侵辽东，朝廷派秦良玉前去"救火"。

秦良玉率领的部队叫作白杆兵：每个士兵都持有一根白色木杆，杆子一边是带刃的钩子，遇人可以钩人，遇山可以钩山；另一边装一个大铁环，必要时可以用作锤子。白杆兵既可以在深山老林里打阵地战，也能在平原阔地上打歼灭战，机动性高，杀伤力强。简单来说，秦良玉麾下，全是猛将。

遇水行舟 进退自如

这次敌人来势汹汹，明军已抵挡不住，迫不得已才向白杆兵请求支援。秦良玉的兄弟大秦和小秦先行驰援，结果一死一伤，付出了惨痛的代价。随后秦良玉亲自率兵千里驰援，才赢得此次战争的胜利。

随后秦良玉回到家乡平定奢安之乱，又去京都千里勤王，救出了被清军围困的崇祯皇帝朱由检。崇祯皇帝见一名女子竟如此强大，挥笔写下四首诗赞颂秦良玉。其中一首诗的后两句"由来巾帼甘心受，何必将军是丈夫"，说的就是大将军何必是男子，也可以是戴头巾和发饰的女子。

明王朝的守卫者

此时的明朝，正在一步一步走向末路，可谓内忧与外患并存、天灾与人祸齐发，就连大自然都与明朝"作对"。五年大饥，六年大水，七年秋蝗，然后瘟疫、旱灾又交替来袭。于是，天下英豪纷纷揭竿而起，开展一轮又一轮的反明运动。

正常来说，揭竿而起的部队被称作起义军，属于正义的一方。实际上，正与邪的界限很模糊。比如张献忠的部下，起义之初是为求生存而不得不谋反的义士。然而，他们烧杀抢掠，所到之处哀鸿遍野。张献忠的部队打到了西南地区，而他成了秦良玉一生的宿敌。

刚开始，战争的优势在秦良玉一方。她是本土作战，熟悉地形，让张献忠的军队吃尽了苦头。但没多久，张献忠的势力卷土重来。虽然秦良玉的白杆兵都是狠角色，但再狠也打不起消耗战。他们的"队友"，该有的支援给不到位，该守住的关卡守不住。在这种情况下，白杆兵孤军深入，决定与敌人决一死战。最终，白杆兵被打"没"了。

事已至此，秦良玉什么也挽救不了，救不了西南地区，更救不了明朝。后来发生了许多事，一个叫李自成的人攻陷了京城，明朝灭亡。但没多久，李自成又被清军了结。与此同时，雄霸西南地区的张献忠败给了清军……但这一切都与秦良玉无关，她不愿再去参与朝代更替的事。

故事的最后，秦良玉在家乡度过晚年，平静地结束了波澜壮阔的一生。

康熙皇帝：帝王界的科技达人

文 / 许冰彬

科技是如此有趣，三百年前，有一位清朝皇帝也是"科技迷"，天文、数学、地理、医药他均有涉猎。他就是爱新觉罗·玄烨。

缘起：历法之争

康熙皇帝对西方科技的兴趣，源自他少年时期亲身经历的一场"历法之争"。顺治末年至康熙初年，杨光先等人先后举劾、控告德国传教士汤若望历法荒谬、潜谋造反、邪说惑众，致使汤若望差点儿被杀。但是，杨光先等人预测天象多次失误，无法令人信服。康熙皇帝亲政后，决定用实验来比较中西历法的准确性。当时，汤若望已经病逝，其助手比利时人南怀仁接受了挑战，进行了午门前测验日影、观象台测立春日等一系列测试，结果，南怀仁的计算全部准确，杨光先等人的则多有误差，康熙皇帝遂起用南怀仁，并恢复使用西洋历法。

这场争议对康熙皇帝的触动很大，他感慨道："朕思己不能知，焉能断人之是非，因自愤而学焉。"

遇水行舟 进退自如

天文学：将望远镜摆进房间

　　康熙皇帝的"自愤而学"首先表现在天文方面，他尤其喜爱西方传教士带来的先进的观测仪器。康熙皇帝最喜欢的仪器是双筒望远镜、挂钟和水平仪，他还命人将这些仪器摆放在自己的房间里。

　　康熙皇帝命南怀仁等人制作了一件银镀金浑天仪，用来演示太阳、月亮围绕地球转动的情形以及日食、月食等天象。这件仪器的外形为中国传统浑天仪的样式，刻度和设计原理却采用了西方法度及2世纪克罗狄斯·托勒密的"地心说"。显然，这是一件中西合璧的作品。这件浑天仪对清宫再度应用西洋历法改进中国测天仪器起到了积极的推动作用。

　　康熙皇帝还命内务府造办处协同传教士制作了一款地球仪，球面的图像、刻度及相关的文字叙述等大体沿用利玛窦的绘制方法，从侧面反映出"地圆说"理论已被朝廷所接受，这是中国传统地理认识观念的一次飞跃。

　　与此同时，康熙皇帝策划和组织编纂了一部包含天文、数学、乐理知识的大型百科全书——《律历渊源》。这部动用了大量人力、物力的丛书共100卷，包括《历象考成》《律吕正义》《数理精蕴》三部分，对研究我国科技史具有重要价值。

数学：亲自撰写专业论文

　　天文历算和数学的关系非常密切，因此，康熙皇帝对西方的数学知识也非常痴迷，他甚至写出了像《御制三角形推算法论》这样专业的数学论文。法国传教士白晋曾回忆说，康熙皇帝带着极大的兴趣学习西方科学，每天都会花几小时听传教士授课，晚上还要花更多时间复习和自学。康熙皇帝学习数学时使用的器具，许多都是当时欧洲最前沿科技的仿制品，具有鲜明的时代特点，至今仍完好地保存在故宫博物院。

　　康熙皇帝对数学的喜爱是显而易见的，他还命人翻译了《几何原本》，时常和传教士讨论其中的数学问题。在康熙皇帝的要求下，法国传教士白晋、张诚还为其讲授了法国数学家巴蒂的《实用和理论几何学》和对数的相关知识。对数比较难懂，但康熙皇帝天资聪颖，加上勤奋，很快就学会了用对数演算乘除法，并且能熟练运用对数表分析三角函数。可以说，他在数学方面造诣很深。

地理学：完成中国首次地理大测绘

因康熙皇帝对西洋科技兴趣浓厚，在白晋、张诚之后，又有很多西方传教士陆续来到宫中，也都极受礼遇。康熙皇帝还模仿欧洲国家，在宫内设立"蒙养斋算学馆"，专门培养科技人才。为了制作时钟和其他计算工具，他甚至在宫中设立了"科学院"。康熙皇帝还经常以欧洲的作品为样品，鼓励工匠与之竞赛。

康熙皇帝特意组织"蒙养斋算学馆"培养的各种人才分赴全国各地，耗时数十年，最终完成了中国历史上的首次地理大测绘。他们首次运用三角测量法、梯形投影法等测绘了《皇舆全览图》，不仅奠定了中国地理学、测绘学的基础，也对世界地理学的发展做出了贡献。

康熙皇帝对地理绘图一直抱有极大的热情，他使用过的很多绘图用具都被完好地保存了下来。其中有一黑漆盒，内装圆规、比例尺、距离尺、直尺和可折成三角的测角尺等。盒内还放有三角形铜镀金支架，小巧玲珑，简单实用。

还有一套木盒所装的绘图仪器，共15件，包括象牙计算尺、折叠角尺、画规、玳瑁柄放大镜等，还有用于野外作业的剪子、火链套。

铜镀金综合算尺是一件既可绘图又可测量的工具。它的一面分上、下两种尺度，上侧为分厘尺，下侧刻有三角函数名称及刻度；另一面四周是量角器，中间是一个比例缩尺，可将线段长度扩大或缩小。此外，还有一种康熙御制角尺，设计也极为精妙。

尽管康熙皇帝醉心于研究各种西洋科技的理念、方法，但大多仅限于个人兴趣，使用范围和程度都极其有限，且并未在民间大规模推广，所以未对社会发展产生作用，实在令人惋惜。

音乐家孔子

文 / 陈虫虫

> **经典阅读：**
>
> 　　子语鲁大（太）师乐，曰："乐其可知也。始作，翕如也。从之，纯如也，皦如也，绎如也。以成。"

　　如果孔子来到现在的湘江之滨的长沙音乐厅，听一场西洋交响乐，不知道会生出怎样的感慨。

　　我们只知道，两千多年前，或许也是一场音乐会后，老夫子感叹国势衰微，音乐颓废，曾与鲁国的乐官谈论过演奏音乐的道理。

　　孔子说，奏乐的道理大家是知道的。一开始，奏金、鼓钟，音乐和谐展开。接下来，八音齐奏，音乐开始纵情肆意，一个个音节分明，震人心魄，各种音响此起彼伏，连绵不绝。最后，音乐戛然而止，空气仿佛也凝固了，整套乐曲就此完成。

　　那么，孔子的音乐鉴赏力到了什么水平呢？《孔子家语·辩乐解》里记载了这样一个故事。

　　孔子向师襄子学习弹琴。不久，师襄子说："你已经学会了弹奏这首曲子，可以改学其他曲子了。"孔子拒绝说："我还没有熟练掌握弹奏这首曲子的技巧。"

一段时间后，师襄子说："你已经熟练掌握了这首曲子的技巧，可以改学其他曲子了。"孔子再度拒绝："我还没有领悟这首曲子表达的思想。"

又过了一段时间，师襄子说："内在思想你也领悟了，可以改学其他曲子了。"孔子迷惘地说："我还不知道创作这首曲子的人是什么样子。"

不久，孔子开始穆然深思起来，他极目远眺，对师襄子说："我已经知道了，创作这首曲子的人志存高远，广有四方，天下除了文王，谁还能创作出这样的曲子呢？"

师襄子听后，赶紧离开座位，双手放在胸前向孔子行礼道："您真是圣人啊，这首曲子就是流传的《文王操》。"

经典阅读：

子谓《韶》："尽美矣，又尽善也。"谓《武》："尽美矣，未尽善也。"

子在齐闻《韶》，三月不知肉味，曰："不图为乐之至于斯也！"

公元前516年前后，孔子在齐国听到《韶》乐，大为震撼，在之后的长达三个月里，他竟然食不知味，每天都仿佛身处音乐会的现场，并由衷感叹："没想到《韶》乐达到了如此境界！"

公元前544年，吴公子季札在鲁国曾欣赏了《韶》乐，在《左传·襄公二十九年·季札观周乐》中，详细记录了春秋时期的盛乐，季札对《周南》等二十几首乐曲作了或简或繁的描述，最后写到《韶箾》时，他说："观止矣！"

遇水行舟 进退自如

这句话的意思是无以复加。据说,《古文观止》中的"观止"两字,就出自此处。

季札评价的《韶箾》就是孔子所听的《韶》乐。后来,孔子还把《韶》乐和《武》乐作了比较,他说:"《韶》乐太完美了,太完善了;《武》乐完美,但不完善。"

《韶》是舜帝的音乐,《武》是周武王的音乐。舜接受尧的禅让而管理天下,周武王则是靠武力征伐夺取天下。孔子的这句话到底说的是音乐,还是自己的政治主张呢?

经典阅读:

子与人歌而善,必使反之,而后和之。

孺悲欲见孔子,孔子辞以疾。将命者出户,取瑟而歌,使之闻之。

子击磬于卫。有荷蒉而过孔氏之门者,曰:"有心哉,击磬乎!"

子曰:"兴于《诗》,立于礼,成于乐。"

孔子听过那么多优美的音乐,音乐鉴赏力也那么强,他自己会唱会玩乐器吗?《论语》告诉我们,孔子不但会唱歌,还至少会两种乐器。据说,《诗经》中的305首诗歌,他都能用乐器弹奏并演唱,其音乐修为可见一斑。有趣的是,他每次听到别人歌唱得好,一定会请人再唱一遍,然后跟着一起唱。老夫子如此好学,会唱的歌曲又怎么会不多呢?

孔子不但喜欢唱歌,还擅长鼓瑟,用来为诗歌伴奏。当时,孔子鼓瑟独成一家,号称"孔门之瑟",孔子的学生子路、曾皙都会弹瑟。一次,鲁国人孺悲想见孔子,孔子以有病为由推辞不见。传话的人刚出门,孔子便取来瑟边弹边唱,故意让孺悲听到。

孔子还会击磬。有一次,他在卫国击磬,一个背着草筐的人路过听到了,感叹:"这可不是一个泛泛之辈,这是一个有心人。"的确,孔子的思想和政治主张常借助音乐来表达,他认为,一个人的修养开始于学《诗》,立身于学礼,性情所成则在音乐。音乐,在当时的意义与今天完全不同。

榜样·师说新语

"游记之祖"柳宗元

文/高燕萍

大咖零距离

本期大咖：柳宗元（字子厚，"唐宋八大家"之一）

生卒年份：773年—819年

称号：游记之祖、河东先生

职业：文学家、思想家、柳州刺史

家庭出身：世代为官

代表作：《永州八记》《捕蛇者说》等

"游记之祖"的由来

柳宗元一生创作了600余篇诗文，与韩愈、欧阳修、苏轼等人并称"唐宋八大家"。柳宗元的作品中，以山水游记最为脍炙人口。他借美景或描写自己的心境，或表现苦闷中的精神寄托……于是，这些山水游记被柳宗元发展成为一种独立的文学体裁，因此他被后人称为"游记之祖"。

遇水行舟 进退自如

大咖时间线

公元773年，柳宗元出生于京城长安，幼年在长安度过。因此，他从小便对朝廷的腐败无能和社会的动荡不安有着深刻的感受。

公元785年，柳宗元随父亲外出游历，增长了许多见识，并形成了积极处世、刚正不阿的性格。

公元793年，刚刚21岁的柳宗元就进士及第。后来他便忙碌于官场之中，对朝廷的腐败与黑暗有了更深的了解，逐渐萌发了改革的心愿。

公元805年，唐德宗李适（kuò）驾崩，太子李诵继位，即唐顺宗。顺宗提拔柳宗元为礼部员外郎，于是柳宗元参与了一系列的改革活动，史称"永贞革新"。此次改革历时180多天，以失败告终。

公元805年，柳宗元因改革失败被贬为永州司马，并在永州生活了10年。这期间，他游历永州山水，结识文人墨客，写下了著名的《永州八记》，创作了300多篇文学著作。

公元815年，柳宗元受诏回京，却依然没有得到重用，反而被贬为柳州刺史。

公元819年，唐宪宗实行大赦，并召柳宗元回京，但柳宗元已在柳州因病去世，年仅47岁。

超级访谈秀

各位观众朋友，本期闪亮登场的是"唐宋八大家"之一的柳宗元先生！虽然他写的诗词不是很多，但每一篇都堪称佳作。例如《江雪》，虽然只是简单的四句，但描绘的画面栩栩如生。今天就好好聊聊这首诗吧！

哈哈，非常乐意。这首诗是我被贬到永州后写的。虽然我名义上是"永州司马"，但其实就是被当地官员监管的"罪犯"，所以我当时的心情非常压抑，只好借山水景物抒发自己的郁闷和苦恼之情。

🗣 "千山鸟飞绝，万径人踪灭。孤舟蓑笠翁，独钓寒江雪。"您能说说这首诗的意思吗？

🗣 这首诗描绘的是一幅江山雪景图。就是说，所有的山上，鸟儿都飞走了；路上看不见人的踪影。只有江面上的一只小渔船中，有个老渔翁穿着蓑衣独自在寒冷的江上垂钓。

🗣 这首诗的题目叫《江雪》，但您在开头并没有直接点题，这是为什么呢？

🗣 其实这首诗的重点就是"独钓寒江雪"。如果开头直接描写主要对象，就不够突出，所以我先为读者描绘了一幅"山山是雪，路路皆白"的大画面，然后用"千山"和"万径"衬托下句的"孤舟"和"独钓"，结尾再用"寒江雪"点题，使渔翁的形象更加鲜明，同时构造了一幅意境深远的画面。

🗣 原来如此。那您为什么会选择"渔翁"作为全诗的重点呢？

🗣 他不顾天气寒冷坚持在江上钓鱼，我觉得这是他清高孤傲的表现，也是我自己的写照，其实我是借渔翁的形象写出自己的心境。

文苑情报局

唐朝时，柳州是一个蛮荒之地。那里杂草丛生，遍地都是毒蛇野兽，所以朝廷经常将罪臣贬到此地，柳宗元就是其中之一。柳宗元被贬到柳州时虽然充满了怨恨，但当他看到这里的贫困与落后时，便下决心改变这一切。

柳宗元在柳州办学堂，给学龄孩子们传授知识；重新修筑城墙，清理街道，让百姓的生活环境变得干净整洁；亲自种植中草药，给老百姓看病治病……正是有了柳宗元一点一滴的努力，柳州才拥有了崭新的面貌。

可是，这样一位清正廉明的好官还未等到赦免的诏书，就病逝于柳州，年仅四十七岁。正因为此，后人也称他为"柳柳州"，这不仅是因为他被贬到柳州、死于柳州，更是因为他为柳州做出了杰出的贡献。

遇水行舟 进退自如

坐拥百城

编绘／张 帆

北魏时期有个叫李谧的人，小时候就勤奋好学，读了许多书。

听说你十八岁就已作了《春秋丛林》十二卷，佩服、佩服！

这与我的老师孔璠的指点是分不开的。

哪里、哪里，是你自己努力的结果。

朝廷特任命你为著作佐郎！

圣上有旨，李谧听诏——

榜样·漫画成语

把官位让给我弟弟李郁吧！

大丈夫有万卷书相伴就足够了，哪里还需要做官、统治百座城池呢！

我这个笨蛋哥哥，只顾关起门来放下帏帐做学问。

你干吗这么做，居然连家产也顾不上置办？

我收集的图书有四千余卷，"家产"还不够丰富吗？

原来如此！

坐拥百城：出自《魏书·李谧传》；意思是有一万卷书，胜过管理一百座城的大官，比喻藏书极其丰富。

遇水行舟 进退自如

南辕北辙

编绘／张 帆

战国时期，大臣季梁听说魏王准备出兵攻打赵国，急忙赶来劝说。

大王，今天我在来路上遇见一个驾着马车去楚国的人。

干吗和我说这事儿？

楚国明明在南方，他却往北走！

喂，你为什么要往相反的方向走呢？

因为我的马好，跑得快！

南辕北辙：出自《战国策·魏策四》；指心想往南，车子却向北行，比喻行动和目的完全相反。

遇水行舟 进退自如

千金市骨

编绘／张 帆

从前有位国王，迫切希望得到一匹千里马。

唉，多年过去了，还是一匹也没得到！

大王，请让我去寻找千里马吧！

听说某地有匹千里马。

真的？我立即赶去买！

真遗憾，我的马前不久死了。

那么，我用一千金买下这马的骨头吧。

我要的是千里马，你怎么花大价钱买回了马骨头？

大王息怒，我花大价钱买马骨头，是为了让天下人知道大王爱千里马心切呀。

这下，人们很快就会将活的千里马送来了。

真的？

怎么样？不到一年，您就得到三匹千里马啦。

哈哈哈，多亏了你的做法！

千金市骨：出自《战国策·燕策一》；比喻招纳贤才的迫切愿望。

遇水行舟 进退自如

快刀斩乱麻

编绘／张 帆

北齐文宣帝高洋，他从小办事果断。

一天，父亲发给高洋和兄弟几个每人一团乱丝。

父亲想干什么？

今天，我要考考你们，看你们怎么处理它。

只有慢慢理出头绪来才行得通。

除了慢慢整理，是否还有什么别的办法？

快刀斩乱麻：出自《北齐书·文宣帝纪》；比喻用快速果断的手段解决繁难的问题。

遇水行舟 进退自如

吴王光鉴：中国最古老的冰箱

文/佚 名

作为安徽博物院的镇馆之宝之一，吴王光鉴最大的名头就是"中国最古老的冰箱"。它铸造于公元前505年，目前已经2500多岁了。

远古"冰箱"出土

1955年的一天，安徽省寿县西门内，工人们正治理淮河，无意间铲出了这件造型古朴简洁、纹样精美的青铜鉴。根据铭文，专家发现它是由"吴王光"下令铸造的，因此将它命名为"吴王光鉴"。

近观吴王光鉴，它高约35.7厘米，口径约59厘米，圆腹平底，耳的下部各吊着一只圆环，外壁装饰有细致精美的羽翅纹样，敦厚温润，外形就像一口青铜锅，内部却暗藏玄机。青铜鉴内壁偏下方铸有四个青铜环，青铜环围成一圈，明显是有着某种用途而故意为之。对此专家们各执一词，谁也不能给出定论。

直到20世纪80年代，湖北曾侯乙墓出土了"曾侯乙墓铜冰鉴"。这一冰鉴铸造于战国时期，和简单古朴的吴王光鉴相比有了很大发展，用途原理一看便明明白白。此时考古界才恍然大悟，原来吴王光鉴正是原始的青铜冰鉴。

冰鉴的作用就是储藏冬天留下来的冰块，在夏日酷暑时用来制作清凉美酒：

第一步，将琼浆美酒灌入圆形尊缶之中，用麻绳将尊缶腹部外侧的四个提环耳与鉴内部的四个青铜环紧紧系在一起，将其牢牢固定在青铜鉴中。

第二步，将冰块凿碎，倒入尊缶和鉴之间的空隙内。

第三步，耐心等待冰块融化，尊缶内的美酒就会变得清凉。兴致上来，或是共宾友吟诗作赋，或是推杯换盏……即使是今天，也让人心驰神往。

玄妙的是，夏天的时候，古人在尊缶和鉴之间的空隙里倒入冰块，用来制作美味可口的冰镇酒；到了冬天，则可以在其中加入热水烫酒，制成热乎乎的酒。

依依爱女情

鉴的主人是吴王光，他还有一个大家耳熟能详的名字：吴王阖闾。他正是成语"卧薪尝胆"的主角之一——吴王夫差的父亲。当时，吴国最大的敌人是楚国，单凭一国力量，很难灭掉强大的楚国，吴王阖闾为此非常发愁，恰巧隔壁的蔡国国君——蔡昭侯曾经因为没有把自己的裘衣送给楚国权臣，被囚禁在楚国三年。两人志同道合，都心怀抗楚的目标。为了巩固双方结盟关系，阖闾决定将自己的女儿叔姬寺吁嫁到蔡国。

公元前506年，吴王阖闾纠集蔡国和一众小国西进伐楚，从汉水打到柏举，这就是历史上赫赫有名的"柏举之战"。吴王阖闾以少胜多、快速取胜，占领了楚国国都郢都。第二年，阖闾置办嫁妆，将自己的女儿叔姬寺吁嫁到了蔡国，共修百年之好。吴王光鉴便在这片烽火缭绕的土地上，喜气洋洋地诞生了。

吴王光鉴的腹部内壁刻有8行53字的铭文：隹王五月，既字白期，吉日初庚。吴王光择其吉金：玄矿、白矿，台乍叔姬寺吁宗彝荐鉴。用享用孝，眉寿无疆。往已叔姬，虔敬乃后，子孙勿忘。

大意是：五月择吉日，吴王光拣选了上等的铜、铅、锡，用来为叔姬寺吁制作宗庙祭祀用的礼器铜鉴，用以祭祀孝敬祖先神明，祈求长寿无疆。去吧叔姬！保持一颗虔诚的心，子子孙孙都不要忘记。

这段话记录了吴王光鉴制作的时间、材料、缘由等，最后一句话是吴王对女儿的叮嘱，希望她嫁到蔡国后谨记他的教导，凡事以大局为重。虽然吴国强盛，但阖闾对女儿的叮嘱极为谦逊。嫁女远行，就算自己再怎么厉害，也不可能像在身边一样照顾。因此，他希望女儿能在蔡国和气待人。

历史一路向前，从不妥协。而这些历经几千年的国宝，正是一段段史实的载体。吴王光鉴作为中国最古老的冰箱，蕴含着古人的千年智慧，承载着一段烽火岁月，也寄托着一位老父亲嫁女依依不舍的情怀。

遇水行舟 进退自如

青铜班的同学们

文/扇子

青铜器是一个大家庭。大到什么程度呢？即使每一种青铜器只派一个代表，你所在的教室也坐不下。不过，也幸好没让它们坐到你们班来，不然，点名的时候，老师可能会尴尬地发现：哟！这个字不认识……嗯？那个字也不认识。为此，我单独为它们安排了一间教室，门口写着"青铜班"。现在，青铜班的同学们已经坐好了，我们这就进去认识一下它们吧。

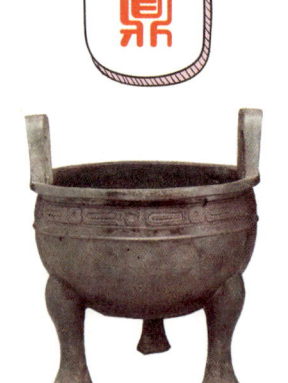

没错，这位圆肚子、三条腿的朋友就是鼎。当然，它也有长着方肚子、四条腿的小伙伴。

鼎是青铜班的班长：一是因为它集多种技能于一身——礼器、炊具、食器；二是因为它曾经有着至高无上的地位——在周朝，九鼎象征着天下，也就是王权。

用作礼器的鼎上常常刻有文字——铭文。这些文字就像是祖先留给我们的信息，通过它们，我们就能知道鼎是什么时候而铸、它的主人是谁等。就拿我们的毛公鼎同学来说吧，喏，它的肚子里藏着近500个字，正是这些字告诉我们，它是周宣王时期的重臣毛公所铸。

尊既是一种礼器，也是一种酒器。它虽然是用来盛酒的，可你要是想端起它，豪爽地一饮而尽，恐怕得请来孙悟空对你说三声："大，大，大。"

尊的样子也像孙悟空一样，变化万千：有的像个方口花瓶，比如"住"在中国国家博物馆，今天没办法请假出来的四羊方尊；有的很活泼，看上去像一种动物，比如我们的晋侯鸟尊同学。如果你喜欢热闹，下次我们可以请来鸟尊同学的各位小伙伴——象尊、鸮尊、虎尊、豕尊……

晋侯鸟尊同学是青铜班的生活委员。它时刻牢记自己作为酒器的职责，提醒大家多喝水。

钟既是礼器，也是乐器。一看到曾侯乙编钟同学，大家就沸腾了，有的忙着数一共有多少口钟，有的大呼："犯规，犯规！不是说每种青铜器只能派出一位代表吗？"我赶忙解释道："编钟是需要'团体作战'的一种乐器，你可以把它们看作，嗯……65胞胎。"

曾侯乙编钟同学是青铜班的文娱委员。你时不时能在班上听到重物砰然倒地的声音，咳，都是被这位文娱委员冷不防高歌一曲给吓的。

戟是一种兵器，为戈和矛的结合体，它的威力比这两者都要大，可啄、可钩、可刺，充分体现了1+1>2的优势。

人头形銎青铜戟同学坐在教室的最后一排，它看起来又帅又酷，同学们很想跟它搭话，同它做朋友，但它们不敢——它看起来杀气腾腾的，很不好惹。事实证明，它们的感觉没有错，被推选为纪律委员的戟同学管理起同学来毫不留情。在其他同学都瑟瑟发抖、缄口不言的情形下，我只好站出来打圆场："戟同学，以后青铜班的课堂纪律就靠你了。"

它先是斜看了我一眼，又在黑板上写了几个字，然后冷冷地对我说："行啊，只要你能告诉我，这些青铜器的名字该怎么读。"

鬲、簠、卣、簋、盉、匜……

我……我不会读啊！平生第一次，我为没文化流下了忏悔的眼泪。在黯然离去之际，我要提醒大家：下次来青铜班之前，一定要好好学知识！

神奇动物在敦煌

文 / 江星辰

我是敦煌瑞兽"九色鹿",来自敦煌莫高窟第257窟,诞生于北魏时期,具体创作者不详。但可以确定的是,我是由民间高手们集体创作出来的。我诞生时,敦煌是国际化大都市,多民族融合,东西方交流,多种文化的碰撞,让我有了国际化基因。现存最早的敦煌石窟诞生于北凉和北魏前期,当时的壁画风格有浓郁的西域风情,画上人物大多穿得很少,画面上有大片的土红色。这是受到西边的龟兹古国,以及更遥远的犍陀罗(古印度国名,在今阿富汗、巴基斯坦一带)艺术的影响。

我的瑞兽朋友"青鸟"和"翼马",来自敦煌莫高窟第249窟,诞生于北魏之后的西魏时期。传说中的青鸟是为西王母衔食和传信的,它与朱雀、玄武等中国古代神话中的瑞禽神兽共舞于一画。翼马肩部生扇形翼,奔跑的姿势非常优美。那时候的壁画上不仅有南亚的印度教神祇形象,还出现了乘马车的日神、乘天鹅车的月神、执风巾骑牛的风神——这些源于亚欧大陆那头的古希腊。中国本土神仙也纷纷登场,西王母、伏羲、女娲、雷神……中原人物也出现在敦煌壁画上,他们面貌清瘦、宽袍大袖,颇有魏晋风度。

我的瑞兽朋友"守宝龙",来自敦煌榆林窟第25窟,诞生于唐朝。龙坐于彩云之上,守护着珍宝,其造型体现出阳刚之美,如此静态之龙在敦煌壁画中特别罕见。

我们敦煌瑞兽的家——敦煌石窟,堪称中国历代美术精华馆。敦煌壁画持续绘制上千年,这在全世界的壁画中都很少见。中国的传世绘画大多是五代及宋以后的作品,而敦煌莫高窟开凿于十六国时期,历经北凉、北魏、西魏、北周、隋、唐,保存了这些朝代的大量壁画。一千多年前的美术脉络在这里清晰可见,北朝的壁画朴素简单,隋代的描绘精致细腻,唐代的内容丰富、结构复杂,五代、宋、西夏、元的回归工整单纯。

世事难料,16世纪中叶,敦煌石窟险遭灭顶之灾。由于明朝政府封闭嘉峪关,关外人民内迁,莫高窟从此无人看管。昔日的艺术圣地沦为空城,日夜陪伴石窟的,是风沙的侵蚀、河水的倒灌。偶尔来了过客,情况更是糟糕,他们在石窟里搭灶生火、圈养牲口,油烟熏黑了壁画,我们欲哭无泪。

直到1944年国立敦煌艺术研究所(敦煌研究院的前身)成立,我们才过

上了好日子。破损的石窟从此有人抢救维修，淡出历史的壁画和我们这些瑞兽，也重新焕发神采。然而我们都一千多岁的老瑞兽了，我们栖身的壁画，面临太多的威胁。鸣沙山的风沙，吹蚀着洞窟围岩，磨损着露天壁画，还总是乘虚而入，钻进洞窟，伤害洞窟内的壁画和彩塑。20世纪80年代以前，敦煌研究院的朋友们辛勤清扫积沙，每年能清扫出三四千立方米的沙子。20世纪80年代以后，他们种树防治风沙，但在每年春天的沙尘季，细小的沙尘还是能飘进洞窟，落在我们身上。春天有沙，夏天有雨。雨水沿着崖体裂隙渗入岩层，岩体中的盐分被溶解，随着水分在岩体中流动侵蚀，导致岩体疏松，甚至直接潮解壁画层。风沙、雨水的帮凶，是地震。莫高窟位于地震区边缘，历史上地质灾害频发，导致洞窟的岩层存在很多裂隙，其中一些洞窟支撑不住，已经轰然坍塌，不复存在。

敦煌研究院的朋友做了很多努力，比如治疗壁画的"癌症"——酥碱（壁画地仗层的黏结性丧失，泥土颗粒逐渐掉落酥粉），他们先想办法脱盐，然后"打针"，将修复黏结的材料注射到病害部位，延缓"病情"。他们还与国外专家"联合会诊"，防治结合，现在还在每个开放洞窟和部分重点洞窟安装机器，监测温度、湿度和二氧化碳浓度，还监测周边环境、降水、风沙、地震、洪水，甚至壁画病害的微小变化。但是我们的衰老无法避免，毕竟敦煌壁画和彩塑是用泥土、草料、木料、矿物颜料、动物胶制作出来的，"寿命"有限，总有一天会消失。20世纪80年代末，敦煌研究院的樊锦诗先生想出一个好主意，她提到了计算机，这个人类发明物可以把我们的样子永久保存起来，敦煌壁画的"数字化"开始了。

于是，这群可爱的人带着高精尖设备，小心翼翼地给我们"拍照"。如今，全世界的游客不来莫高窟，也能在网上看到我们的样子，听说图像更清晰，还有立体感（真实洞窟三维模型构建），甚至有现场感（洞窟虚拟漫游）！我们的故事还被拍成两部高清电影《千年莫高》和《梦幻佛宫》。我们"走"出石窟，开始了新的旅程。

博览·国宝大讲堂

金瓯永固杯：
乾隆皇帝专用"许愿杯"

文/方 锐

国宝小档案

名字：金瓯永固杯

现藏地：故宫博物院

材质：金

尺寸：高12.5厘米，口径8厘米

年龄：200多岁

除夕之夜，火树银花，张灯结彩，年夜饭的香味，从一扇扇窗户飘散出来，馋得博物馆里的"老家伙"们坐不住了，它们一边流着口水，一边为谁最有资格成为新年吉祥物而争论不休。

新年代言人之争

"论资排辈，我年纪最大；从内涵上讲，瞧我这一身的鱼纹，多有年味！'连年有余'说的不就是我嘛！"一只青铜鱼龙纹盘骄傲地说。

"老祖宗，别看您是青铜器，来自春秋时期，但是您的格局还是太小了，看我，'太平有象'！"一尊辽代的粉彩象驮宝瓶瓷塑说，"送给全世界的祝福，天下太平，这寓意多好！"

一只青花束莲纹瓷盘不服气地说："我象征吉祥富贵，比你们差什么了？我是明代青花瓷，

△青花束莲纹瓷盘

> 遇水行舟 进退自如

都去打听打听我的身价再说话！"

这些话真让我听不下去，我不出场，这些家伙真当自己是宝贝呢？我一开口就是金光一片："我最适合！我是大清乾隆皇帝最喜欢的酒杯，乾隆皇帝听说过吗？古代第一'网红'！"

"你？"众宝不由得异口同声地问。

"我是金瓯永固杯！"我一张嘴，又一道金光闪过，大家不由得大叫："哎哟，闪瞎了我的眼！"

礼器就是有底气

"我的全名是金嵌宝金瓯永固杯，乃乾隆皇帝专属宝贝，号称'千年第一祈福神器'，这个新年代言人我当定了。"

"您这一身的黄金珠宝，小心被打劫！"青花束莲纹瓷盘酸溜溜地说。

我自豪地说："虽然我满身的黄金珠宝价值连城，但更贵重的是乾隆皇帝的心思。虽然皇宫大内珍宝如山，但他可是独宠我一个，不仅亲自当监工，每道制作工序还要过目，能工巧匠们可是花费了不少心血，才过了皇帝这道严选关。"

△ 金瓯永固杯

"为什么乾隆皇帝这么喜欢你呀？"大家不解地问。

"因为我是清朝大年夜的礼器！"

"怪不得你这么有底气！"青铜鱼龙纹盘幽幽地说，"咱们中国是礼仪之邦，不同的仪式要使用不同的器物，这叫讲究！"

开笔仪式三件套

众宝一听，对我的鄙夷变成了好奇："喂，你是什么仪式上用的？"

"开笔仪式。毕竟乾隆皇帝是个文化人，酷爱诗文书画，光诗就写了四万多首呢。"我说。

"开笔？跟现代人类拆快递一样吗？"青花束莲纹瓷盘问。

"当然不一样，那是相当隆重啊！"我清清嗓子，"话说清朝时期，每年元旦……哦，那个时候元旦不是现代阳历的1月1日，而是……"

青铜鱼龙纹盘抢着说："大年初一！"我笑着说："恭喜你，答对了！"

青铜鱼龙纹盘不屑道："老规矩，谁有我懂？"

"开笔仪式在大年初一的子时举行，乾隆皇帝会摆上吉祥三件套：玉烛长调烛台、万年青玉笔、金瓯永固杯。然后斟满新年专用屠苏酒，用万年青玉笔写下祝福语，什么'天下太平'啦，'福寿长春'啦，总之都是吉祥话，约等于'新年快乐'。要是一高兴，乾隆皇帝还要用这笔作诗一首。我目睹了他每年举行这个仪式，你们说我是不是分外尊贵呢？"

△青铜鱼龙纹盘

美丽的背后是残忍

大家不禁齐声喝彩，这时，一直没开口的粉彩象驮宝瓶瓷塑问："金瓯究竟是什么意思呢？我没读过什么书，你们可别笑话我。"

我笑着说："瓯就是盆，金瓯自然是黄金盆，代表着江山天下。金瓯永固，就是大清朝江山稳固嘛！"

青花束莲纹瓷盘不由得赞道："怪不得乾隆皇帝喜欢你，这口才真好！"

青铜鱼龙纹盘却说："虽然你华贵精致，可你的制作工艺点翠太残忍了，所以你不能当新年代言人。"

△粉彩象驮宝瓶瓷塑

"点翠？"大家惊讶地问。

青铜鱼龙纹盘接着解释："你们看，它身上漂亮的蓝色都是真正的翠鸟羽毛，工匠拔取了翠鸟脖子周围的羽毛，然后镶嵌在金子上，它一身气派的背后是无辜生命的代价。"

我顿时哑口无言，就这样一败涂地。可是，这个结果，真的是我的错吗？

遇水行舟 进退自如

随州市博物馆：
青铜史诗讲述汉东传奇

文/田豆豆

湖北随州，炎帝故里。1978年，随州随县擂鼓墩出土的曾侯乙编钟惊艳世人，让史籍中未见记载的曾国引起学界关注。同年，随州市博物馆创建。几十年来，随着考古工作的持续开展，越来越多的宝藏被发现。

随州市博物馆新馆毗邻擂鼓墩古墓群，现藏有文物1万余件（套），其中国家一级文物318件（套），藏品以商周青铜器居多。博物馆基本陈列以"汉东大国"为主题，包括"炎帝神农故里""屹立汉东——随州叶家山西周墓地""曾（随）国谜踪""曾侯乙墓""擂鼓墩二号墓""汉风唐韵""追回的宝藏"7个常设展览，并设有曾侯乙编钟乐团演奏厅和湖北省廉政文化教育基地展厅，多角度讲述了这片历史悠久的土地上发生的传奇故事。

破解"曾随之谜"

走进展厅，黄色浮雕的古代地图上，"汉东大国"四个大字格外醒目。汉东大国，就是今天人们所知的曾国。然而，在曾侯乙墓大量国宝级文物出土之前，历史学家竟不知曾国的存在，因为在历史文献中，没有任何关于曾国的记录。《左传》中记载："汉东之国，随为大。"然而令人疑惑的是，大量春秋时期曾国文物出土的区域，正是史料中记载的随国所在地，以随为名的文物在此地却未出土。学界称之为"曾随之谜"。

进入"曾（随）国谜踪"展厅，斝（jiǎ）、觚、钟、鼎、斧、凿、刀、戈等青铜器映入眼帘。人们常用"钟鸣鼎食"来形容古代贵族的奢华生活。

鼎是权力、地位的象征。安居羊子山出土的兽面纹鼎，铸于西周早期，体形高大，腹部及三足根部均装饰霸气的兽面纹，分别以凸起的扉棱为额鼻，形成上下接应的三组，颇具威严气势。

曾侯舆编钟更加庞大。一组8件编钟于2013年出土于随州文峰塔墓地，其中最大的一个通高112.6厘米、重149.5千克，是除曾侯乙编钟外考古发现体形最大的青铜甬钟，其制作工艺之精湛、构造之复杂都可与曾侯乙编钟媲美，器身上的纹饰繁复程度甚至超过了曾侯乙编钟。让考古学者惊喜的是，钟体正面、背面均铸有铭文，这些铭文，为"曾随之谜"的破解提供了关键依据。

▲ 曾侯舆编钟

探寻曾国变迁

若曾国为周王分封的姬姓诸侯国，那么，始封之君是谁，曾国传承几世，因何而灭呢？"屹立汉东——随州叶家山西周墓地"展介绍了曾国的来历。叶家山墓地位于随州市淅河镇蒋寨村，经2011年和2013年两次考古发掘，出土青铜器、陶器、玉器、漆器等7000余件（套），其中许多青铜器上带有"曾侯"铭文，"曾侯谏""曾侯犺（kàng）"出现最多。考古研究发现，叶家山墓地至少埋葬了3位曾侯，时代应为西周早期。

南公簋是该展陈列的重要文物之一。簋是古代食器和礼器。南公簋上圆下方，对称庄重，周身饰有云纹兽面，铸造技艺精湛。簋身上刻有"犺作烈考南公宝尊彝"铭文，表明曾侯犺的父辈是南公。

▲ 南公方座簋

结合史书和金文记载可知，南公便是西周开国功臣南宫适。西周初年太公封于齐、周公封于鲁、召公封于燕、南公封于南土，拱卫周王室。

曾侯犺墓出土的5件编钟，虽不及曾侯乙墓编钟精美，却是目前中国发

遇水行舟 进退自如

现最早、最多的成列编钟。叶家山出土的半环形龙纹铜钺则显示当时曾侯具有替周天子讨伐叛乱者的崇高地位。西周时期，斧钺是权力的象征，周王亲自用于征伐或礼仪活动，或授予诸侯、高级官员来行使军事征伐之权力。龙纹铜钺整体呈龙形，从龙头至龙尾弯成半环，龙尾下方有两个圆环，为连接木杖之处。铜钺上刻有"太保虘（cuó）"铭文。太保为周代三公之一，仅次于太师、太傅。凝望此钺，可以想见数千年前曾侯手持铜钺，指挥三军、征讨四方的威武形象。

众多文物共同表明，曾国在西周早期就已封侯立国，与附近的噩国共同镇守南疆，防御荆蛮，即楚国。随州市博物馆也藏有不少噩国青铜器，折射了噩国这一神秘诸侯国的兴衰，及其与曾国的关联。

▲ 西周噩侯方彝

从叶家山墓地展区，到曾侯乙墓展区，再到擂鼓墩二号墓展区，一件件文物诉说着曾国由盛而衰的历史变迁。考古研究发现，有确切名号的曾侯共13位，从曾侯谏、曾侯犺到曾侯乙、曾侯丙等。在春秋争霸中，随着楚国的势力日益壮大，曾国采取了与楚联姻、结盟等外交策略。春秋中期的曾侯宝及其夫人芈（mǐ）加墓出土编钟19件，铭文记载芈加为楚王侯之女，嫁给曾侯宝不久，曾侯宝英年早逝。芈加勇挑重担，治国保疆，政绩卓著。

曾侯乙墓共出土文物1万余件（套），其中兵器4777件，戈、戟、矛、盾、弓、镞等应有尽有，曾国的军事实力不言而喻。而1981年在曾侯乙墓以西102米处发现的擂鼓墩二号墓，年代为战国中期，虽然时间更晚，铜器铸造工艺却比曾侯乙时期粗糙得多，显示出曾国的衰颓之势。擂鼓墩十三号墓和六号墓，时代介于战国中晚期之间，所出土器物具备楚文化特征，说明这一时期曾国已被楚国吞并。

匠心令人称奇

曾国虽已消失在了历史长河中，所留下的艺术瑰宝却惊艳了世界。曾侯乙墓出土的65件青铜编钟，铸造精美，十二律俱全。擂鼓墩二号墓出土的36件编钟，与曾侯乙编钟音律互补、珠联璧合，堪称曾侯乙编钟的"姊妹钟"。两套乐钟（镈钟除外）合计100件，可分可合，是一个完整、宏伟的编钟系列。

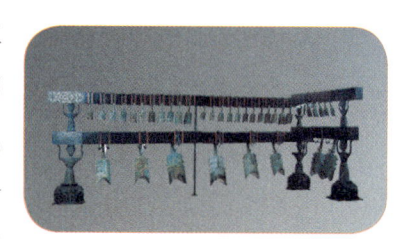

▲神人操蛇兽面纹36件青铜编钟

擂鼓墩二号墓编钟又称"神人操蛇兽面纹甬钟"，为随州市博物馆的"镇馆之宝"。出土时以大钟套小钟的方式摆放，没有钟架。整套编钟低音浑厚，中音圆润，高音清脆悦耳，可以旋宫转调，演奏许多中外名曲，和现代钢琴一样具备世界通用的C大调。钢琴的历史只有300年左右，编钟的历史却有2400多年，中国古人的音乐智慧令世界惊叹。

▲战国膫君甗

古代工匠在青铜食器上的巧思也令人称奇。随州市博物馆展出的膫（liáo）君甗（yǎn），是楚国膫君送给曾侯丙的礼物。膫君甗由圆形的甑（zèng）和三足分立的鬲（lì）上下两部分组成，是一件蒸煮食物的器具。它的精妙之处在于，甑口沿下镂空了10个对称气孔，当甑内的水蒸气达到一定密度，气体就会向下方散发，与现代高压锅原理相似。

兽形座铜熏灯也是一件不可多得的珍品。铜熏灯由怪兽形灯座、灯盏和香熏罩三部分组成。怪兽腹空，用以盛油，背部以链连接盖子。兽额宽平，直立一灯盏；尾部后卷，直立一香熏罩。此器兼具油灯与香熏的功能，为同时代出土文物所罕见，既实用又环保。

▲战国兽形座铜熏灯

曾国已灭，随地长存。在"炎帝神农故里"展区，可以追溯比曾国更古老的过去；在"汉风唐韵"展区，可以看到汉唐盛世时随州的繁华和进步。走出博物馆，我们将续写繁华。

遇水行舟 进退自如

杭州博物馆：风雅钱塘韵悠长

文/王丽玮

或是"日出江花红胜火，春来江水绿如蓝"的居游胜地，或是"烟柳画桥，风帘翠幕，参差十万人家"的东南名郡，又或是"山外青山楼外楼，西湖歌舞几时休"的南宋都城……杭州，这座古称"钱塘"的城市，留给人们数不尽的美好记忆与想象。

东南形胜　三吴都会

穿过南宋御街，沿石阶走上吴山，至半山腰，可见一座白墙黛瓦的建筑隐藏在一片树林之中，这就是杭州博物馆。

杭州博物馆展区面积7000平方米，由南馆和北馆组成，拥有常设展"最忆是杭州——杭州通史陈列""珍藏杭州——馆藏文物精品陈列"。馆藏文物2万余件，尤以陶瓷、绘画、书法、玉器最具特色。

"8000年前，萧山跨湖桥一带的先民已泛舟于湘湖……"进入南馆，"寻踪跨湖桥"单元以图文形式介绍了"中华第一舟"的发现过程。这艘独木舟出土于杭州萧山跨湖桥遗址，距今已有几千年历史，是迄今发现的世界上年代最早的独木舟，见证了当地先民的生活。展柜里陈列着同时期出土的稻米标本，反映了杭州地区稻作农业的悠久历史。

展厅正中摆放着一个淡琥珀色的透明杯子，它就是杭州博物馆的"镇馆之宝"——战国水晶杯。这件水晶杯虽然今天看起来不算光彩夺目，但在2000多年前，它是非常难得的珍品。它用一整块优质天然水晶制成，是中国出土的早期水晶制品中最大的一件，2002年被国家文物局列入首批64件禁止出国（境）展览的文物名录。

1990年，考古工作者在杭州半山镇石塘村战国一号墓中发掘出这件水晶杯。它上宽下窄，材质晶莹，保存完好。古代开采技术有限，要找到这样一块优质水晶十分不易。水晶材质硬而脆，古人用何种方式把杯芯掏空而保证杯体不碎裂，今天还未能解开这个谜题。水晶杯内外抛光，非常光洁，体现了当时工匠的高超技艺。早在战国时期，杭州地区手工业已十分发达，为后世文化繁荣奠定了基础。

▲战国水晶杯

魏晋以降，北方战乱，大批民众南迁。杭州湖山秀美，吸引了众多文人与僧侣。隋唐时期，杭州已是东南名郡。五代十国时期，吴越国建都于杭州。在吴越王钱镠（liú）"保境安民"的国策下，杭州经济文化日益兴盛，著名的雷峰塔即建于这一时期。塔内曾藏有数万卷佛经，皆用当时盛行的雕版印刷术印刷，印数空前，印刷技术也达到了很高的水平。杭州博物馆展出的雕版印刷《宝箧印陀罗尼经》卷，纸张洁白，墨色均匀，字体清晰悦目，图画也很精美，反映了当时杭州印刷水平之高。

展柜里的一方砚台是用五代时建造雷峰塔的砖改造而成。1924年，雷峰塔轰然倒塌，不少民众捡拾塔砖收藏。浙江永康的姚允中将捡到的一块藏经砖改造成砖砚，后来赠予收藏家朱孔阳。2014年，朱孔阳之子朱德天将这块砖砚捐赠给杭州博物馆。砖砚背面刻有雷峰塔景观图和"雷峰塔坍塌古砖记"，两面长侧边一面刻有"西湖雷峰塔藏经古砖"几个字，另一面刻有鱼龙图案。砖质地致密，做工精良，中空有孔，用以藏经。

商旅辐辏　华贵天城

"自大街及诸坊巷，大小铺席，连门俱是，即无虚空之屋。"吴自牧《梦

遇水行舟 进退自如

梁录》中描述了南宋都城临安（今杭州）商业繁华的盛况。

南宋时，杭州成为国家政治经济中心，商贸繁荣之余，文人雅士聚集。"生活艺术化、艺术生活化"成为宋人的追求。在南宋修内司官窑瓷器前，不少参观者驻足欣赏。南宋官窑是宋代青瓷烧造最高水平的代表，修内司官窑是南宋官窑的窑场之一，位于杭州凤凰山老虎洞。该窑址的发掘成果入选"2001年全国十大考古新发现"。杭州博物馆展出的修内司官窑瓷器，均由窑址出土的瓷片修复而成。其中一件青灰色的盏托，托盘呈花口形，盏与托盘中间为一圆孔，上下相通，造型精巧别致，釉色淡雅润泽，体现出宋人高贵典雅的审美情趣。

"琴棋书画诗酒花"是宋人雅致生活的写照。馆藏《无款竹丛翠鸟图团扇页》是流传至今的为数不多的宋扇页画精品之一，于小中见珍奇。咫尺扇面上，采用工笔双钩画法描绘出小鸟憩于荆棘竹丛中，表现了安宁幽静的意境。

元代时，杭州凭借京杭大运河和海上丝绸之路的优势，成为东南地区最大的都会。意大利旅行家马可·波罗称赞杭州为"世界上最美丽华贵之城"。

杭州博物馆内，一件元代青花瓷塑海鳌山形笔架以其精巧绝伦而引人注目。这件笔架出土于杭州朝晖路一处元代窖藏，整体为海兽驮峰造型，下部浪花翻涌，4座山峰饰如意云纹，一峰顶高悬一轮初升的太阳。通体施青白釉，胎质洁白细腻。背面自然凹凸，还留有当时工匠的指纹印迹。这件瓷器除了有搁笔功能，海兽内部中空，还可盛水。一器两用，设计巧妙，是元代青花瓷中极其难得的一件文房用品，具有极高的历史和艺术价值。

▲元代青花瓷塑海鳌山形笔架

"江南收藏甲天下"，书画之余，摹古鉴赏也是江南文人日常消遣之必备。元代大书法家鲜于枢生前流连西湖山水，死后葬于杭州。从他的墓中出土了多件文玩，包括端砚、剑饰、铜镜、铜印等。杭州博物馆展出的"伯机印章"印与"鲜

▲伯机印章

74

于枢伯机父"印，印面小巧，笔法精妙，为研究鲜于枢书法造诣又添实证。

山水环抱　人文渊薮

"四维图画本天成，三面云山一面城。"自南宋以降，西湖"三面环山一面临城"的格局基本形成。因景色殊异，历代文人莫不流连西湖。明清以来，杭州文风更炽，湖光山色在文人雅士的笔下凝聚成优美的传世佳作。

走进杭州博物馆北馆，高达3米的《层峦秋色图》展现在眼前，这是明末清初"武林画派"创始人蓝瑛的代表作，为国家一级文物。画中，距西湖不远的西溪秋色醉人，云淡天高，深山幽壑，又有回廊屋宇，游人于桥上扶栏缓行，轻漫潇洒，充满洒脱的文人意趣。

"欲借西湖作墨池，并邀春色入新诗……"明代散文家茅坤行书《西湖诗卷》以遒劲笔力书写了对西湖的热爱。茅坤耄年游西湖后作西湖诗14首，他的书法朴拙自然，是典型的"文人字"。西泠（líng）印社首任社长吴昌硕《葫芦秋菊图轴》作于杭州西湖，笔法坚挺厚重，篆刻朴茂苍劲，对上海画派后期画风影响深远。

明清时期杭州文人留下大量精美的文房四宝，成为杭州博物馆重要的藏品类目。"任伯年"款象牙大毛笔、"徐三庚"款红木笔筒、"鹿原"款端砚……体现了中国传统文人的儒雅精神与艺术品位。

风雅，是刻在杭州骨子里的。为了让人们更好地了解杭州人文故事，感受杭州风雅气韵，杭州博物馆在展陈手段上不断创新，让文物"活"起来。在史前至六朝展厅，借助光影手段，还原考古发掘现场。在两宋展厅，通过投影和三维动画，生动呈现南宫北市的都市格局、繁华喧腾的市井风情。

杭州博物馆还设计了一系列颇具特色的文创产品，如参照四螭龙玉佩制作的壶承、以南宋莲花纹瓦当为原型设计的莲花纹炭雕等，备受观众喜爱。

风雅钱塘的气韵，飘得越来越远，打动越来越多的人……

遇水行舟 进退自如

桃李不言，下自成蹊

文/江 亭

出处：《史记·李将军列传》：谚曰："桃李不言，下自成蹊。"此言虽小，可以谕大也。

释义：

桃树和李树不招引人，但因为它们有花和果实，人们便在它们下面走来走去，时间久了，就形成了一条小路。比喻为人品德高尚，诚实、正直，用不着自我宣扬，自然就会受到人们的尊重和敬仰。

故事现场：

西汉时期，有一位勇猛善战的将军，名叫李广，一生跟匈奴人打了70多场仗，战功卓著，深受官兵和百姓的爱戴。李广虽然身居高位，统领千军万马，又是保卫国家的功臣，但他一点儿也不居功自傲。他不仅待人和气，还能和士兵同甘共苦。每次朝廷给他赏赐，他首先想到的是他的部下，就把那些赏赐统统分给官兵们；行军打仗时，遇到粮食供应不上，他同士兵们一起忍饥挨饿；打起仗来，他身先士卒，英勇顽强，只要他一声令下，士兵们个个奋勇杀敌，不怕牺牲。

后来，当李广将军去世的噩耗传到军营时，全军将士无不痛哭流涕，连许多与大将军并不熟悉的百姓也纷纷悼念他。

汉朝伟大的史学家司马迁在为李广立传时称赞道："桃李不言，下自成蹊。"意思是说，桃李有着芬芳的花朵、甜美的果实，虽然它们不会说话，但仍吸引人们到树下赏花尝果，使得树下形成了一条小路，李广将军就是以真诚和高尚的品德赢得了人们的崇敬。

成语启示录：一个人做了好事，不用张扬，人们也会记住他。只要为人诚恳真挚，就会深得人心；只要真诚、忠实，就能感动别人。

成也萧何，败也萧何

文/佚 名

出处： 宋·洪迈《容斋续笔·萧何绐韩信》："信之为大将军，实萧何所荐。今其死也，又出其谋。"故俚语有"成也萧何，败也萧何"之语。

释义：

萧何：汉高祖刘邦的丞相。成事由于萧何，败事也由于萧何。比喻事情的成功和失败都是由这一个人造成的。

故事现场：

韩信经萧何举荐，被刘邦任命为大将军，为汉朝立下了汗马功劳，后被封为楚王。晚年的刘邦怕自己百年之后，政权旁落，为了刘姓政权的长久稳固，必须铲除隐患。韩信首当其冲。刘邦先是用计生擒了韩信，将其押回洛阳后，念其功高且无罪证，又赦免了韩信，改封淮阴侯。被削去了王位的韩信，心想既然你刘邦无情，休怪我韩信无义。韩信私下与被任命为赵相国的陈豨（xī）相约，陈豨在北方举事，韩信在长安响应。

汉高帝十年（前197年），陈豨果然举兵反叛。刘邦亲自带兵平叛，长安空虚。韩信准备在长安举事，不幸走漏了消息。吕后想把韩信召进宫来，又怕他不肯就范，就同萧何商议。最后，由萧何出面，假称北方传回捷报：叛军已败，陈豨已死，邀请韩信进宫向吕后贺喜。结果韩信刚入宫门，事先埋伏好的武士就一拥而上，将其捆绑起来，不久就被吕后处死了。

民间因此有"成也萧何（韩信成为大将军是萧何推荐的），败也萧何（韩信被杀是萧何出的计谋）"的说法。后来用"成也萧何，败也萧何"来比喻事情的成败、好坏都由一个人造成。

成语启示录： 我们不能以一时的功过是非来评定一个人，再伟大的人也有犯错的时候。

遇水行舟 进退自如

当成语遇见流行语

文/佚 名　图/冬日问影

有些成语乍一看文艺范十足，但仔细分析，竟然全是"心灵鸡汤"，不信你看！

和光同尘

流行语：做人要低调到尘埃里去。

别看光和尘埃都是我们日常生活中再寻常不过的事物，但是"和光同尘"这个成语一点儿不简单，它出自玄机满满的《道德经》："塞其兑，闭其门，挫其锐，解其纷，和其光，同其尘，是谓玄同。"这是一种处世态度，其中"和"是蕴蓄，"同"是混合，所以"和光"的意思是收敛起自己的光彩锋芒，"同尘"则是将自己混同于尘世之中，与世无争。这个成语是个褒义词，形容一个人不露锋芒、与世无争的处世态度。

绝圣弃智

流行语：少点套路，多点真诚。

"绝圣弃智"出自《道德经》第十九章："绝圣弃智，民利百倍；绝仁弃义，民复孝慈；绝巧弃利，盗贼无有。"老子早在几千年前就向大家强调了实践的重要性。"绝圣"是鼓励大家破除迷信，挑战权威，坚持自我；"弃智"是让人抛弃那些自以为是、自作聪明的主观性见解，让实践成为检验真理的唯一标准。所以，"绝圣弃智"所要讲的就是少点套路，多点真诚。

皮里阳秋

流行语：聪明人不会瞎说道。

"皮里阳秋"原本为"皮里春秋"。"春秋"是儒家经典，相传是孔子依据鲁国史官所编鲁史加以整理修订而成。寓有褒贬之意，后世称为"春秋笔法"，而"皮里春秋"指的是藏在心里不说出来的评论。

美意延年

流行语：爱笑的人运气不会差。

"美意延年"出自《荀子·致士》，荀子告诉我们：得人心者得天下，拥有了快乐的心境，自然就会延年益寿。而对我们这些普通人来说，凡事以乐观的态度去看待，心情一舒畅，延年益寿不是梦。

厚貌深情

流行语：不要被外表所迷惑。

"厚貌深情"出自《庄子·列御寇》："人者厚貌深情，故有貌愿而益，有长若不肖。"表面上忠厚老实的老好人，城府却很深，所以我们不可以貌取人。这个成语是褒义词，形容外表敦厚而内心深藏思想感情。

痴鼠拖姜

流行语：恕我直言，你是不是傻？

这只"痴鼠"想必是个吃货，肚子饿了连生姜都不放过，但问题是即使千辛万苦把生姜拖回洞里也不能吃啊！明知无用而为之是为"痴"。"痴鼠拖姜"后来被用来形容不聪明的人往往会自找麻烦，明知道徒劳无功还坚持要做。

牛渚泛月

流行语：有趣的灵魂终将相遇。

"牛渚"是古时长江边的一处地方，在现在的安徽省境内。"泛月"则是指在月光下泛舟游玩。"牛渚泛月"出自《晋书·袁宏传》，讲的是东晋时期，在豫州当刺史的谢尚见月色撩人，就带上一帮兄弟去牛渚游玩，没想到中途被袁宏吟诗的声音所吸引，谢尚主动上前打招呼，二人结为好友。

你一定想不到，谢尚和袁宏的深厚友谊连李白都嫉妒，他在《夜泊牛渚怀古》中恨不得自己早生几百年："登舟望秋月，空忆谢将军。余亦能高咏，斯人不可闻。"

稀奇古怪的"冷"成语

文/阿 广 图/冬日问影

前段时间,"令人喷饭"这个成语火上了热搜。网友查证后,发现"令人喷饭"竟然是北宋文学家苏东坡最先用的。惊讶、疑惑、好奇吗?先忍住,因为除了"令人喷饭",古人还创造了一大批"冷门成语",说出来绝对让你喷饭。

冬日可爱
出自左丘明《左传·文公七年》

用来比喻人态度温和慈爱,像冬天的太阳一样,使人愿意接近。

这真的不是网友新造的词吗?还有,为什么只能冬日可爱?春夏秋表示不服!

无肠公子
出自葛洪《抱朴子·登涉》

古人对螃蟹的别称。

除了无肠公子,螃蟹的别称还有横行介士、菊下郎君。

一蟹不如一蟹
出自苏轼《艾子杂说》

比喻一个不如一个,越来越差。

间接证明大闸蟹太美味,连有关的成语都是一个接一个地造!

华颠老子
出自曾朴《孽海花》

华:花白;颠:头顶。指头发花白的老人。

此"老子"非彼"老子",望周知。

女生外向
出自班固《白虎通·封公侯》

以前指女子出生时面朝外,有出嫁从夫之义。后指出嫁的女儿心思朝外,向着丈夫。

差点以为出生时面朝外就是外向。

博士买驴
出自颜之推《颜氏家训·勉学》

博士是古时官名,这个成语讲

的是博士买了一头驴,写了三张纸的契约,却没有一个"驴"字。讥讽行文啰唆,废话连篇。

难道是在说我的作文,写了半天也不知道在说什么?哈哈哈!

一龙一猪
出自韩愈《符读书城南》

比喻开始在同一起跑线的两人,后来相差极大。

这是韩愈写给自己儿子的诗,意思是说:如果不好好学习,同一起跑线上的两个人将来也会有天壤之别。

盘龙之癖
出自房玄龄《晋书·刘毅传》

晋朝时有一个有名的赌徒,名刘毅,字盘龙。这个成语指爱好赌博的恶习。

龙表示:我可不是你想盘就能盘的,你知道吗?

君子豹变
出自《周易·革卦》

意为君子应当随着时代的演进,继续革新自己。

嗯?怎么想起了申公豹?

蛤蟆夜哭
出自苏轼《艾子杂说》

表面意为蛤蟆在夜晚哭泣,实则形容毫无根据地诬陷好人。

蛤蟆:你哪只眼睛看到我哭了?你给我说清楚!

酒店猛狗
出自晏婴《晏子春秋·内篇问上》

大意是说卖酒的店门口有猛狗把守,吓得人都不敢来买酒。劝诫人要"亲贤臣远小人",以趋利避害。

大家出门在外,一定要提防酒店猛狗。

吉祥止止
出自《庄子·人间世》

第一个"止"字意为"留止",第二个"止"字是助词。形容接连而来,好事不断出现。

吉祥止止差不多就是当代锦鲤了吧?

冬烘先生
出自王定保《唐摭言》

冬烘:糊涂、迂腐。指庸昏浅陋的书呆子。

举一反三地讲,那"东坡先生""五柳先生"难道也是成语?

81

遇水行舟 进退自如

《齐民要术》：1500多年前的"荒岛求生指南"

文/蝴蝶君　图/米米儿插

同学们，如果某天早上，当你从睡梦中醒来，忽然发现天花板消失了，取而代之的是一片湛蓝的天空。周围也不再有熟悉的闹钟、手机，而是碧绿如茵的草地、郁郁葱葱的树林。看到这种景象，你心中冒出的第一个想法会是什么呢？

没错，欢迎你来到《鲁滨孙漂流记》中那座与世隔绝的小岛。这里没有外卖、超市和快递，想要在这里生存下去，就必须自己动手，才能丰衣足食。

不过你也别担心，小编为你准备了一本诞生于1500多年前的"荒岛求生指南"。你只要熟读这本"指南"，一定可以利用这座小岛上的资源自给自足，成为一名优秀的"鲁滨孙"。

这本神奇的"荒岛求生指南"就是成书于北魏末年的《齐民要术》。它是由中国古代著名的农学家贾思勰所编写的我国现存最早的一部农学著作。所谓"农学"，顾名思义就是"农业科学"。广泛意义上的农学包括农作物栽培、畜牧养殖、果树种植、养蚕纺丝等一系列与人的衣食住行密切相关的知识及技术。

民以食为天。流落到荒岛上，首要问题就是解决吃饭这件大事。只要你熟读手中这本《齐民要术》，就能掌握获取一切必备食材的基本技巧，上能养牛养鸡养大鹅，下能种菜种瓜种大米。就连做菜需要的糖、醋、酱，皆可自己动手获得。

如果你不会做菜也没关系，《齐民要术》还是一本"古代菜谱大全"。蒸、煮、煎、炸、炙、烩、炒，各种做法俱全。蒸羊蒸鹅蒸糖藕、烤鱼烤肉烤海鲜、鱼汤肉汤蔬菜汤，各种菜系应有尽有。有学者统计，《齐民要术》中载有详细做法的菜肴多达99道，可以让你点亮不同的厨艺"技能点"。

首先来炖一锅香喷喷的红枣鸡汤。《齐民要术》中载："作鸡羹：鸡一头，解骨肉相离，切肉，琢骨，煮使熟。漉去骨，以葱头二升，枣三十枚合煮。羹一斗五升。"这道汤品的做法很简单，取一只鸡，剔去骨头，再把鸡肉和骨头一同放入砂锅里炖熟。之后捞出骨头，再放入食盐、葱和大枣，炖至鸡肉软烂，一锅益气养血的鸡汤就煮好啦！

再来做一道开胃小菜。《齐民要术》中记载了凉拌木耳的做法："木耳菹：取枣、桑、榆、柳树边生，犹软湿者……下豉汁、酱清及酢，调和适口，下姜、椒末。甚滑美。"意思就是将木耳洗干净，焯水切制后，加入少许豆豉、酱油以及醋调味，最后撒上姜末和花椒末，开胃又爽口的凉拌木耳就做好啦！

主食当然也不能少。《齐民要术》中专门有一章记载了各种面饼的做法，例如做烧饼法："面一斗，羊肉二斤，葱白一合，豉汁及盐，熬令熟，炙之。面当令起。"这款听起来就很香酥美味的主食可以认为是简易版羊肉大葱烤饼，读到这里，大家是不是已经流口水了呢？

冬天没有蔬菜怎么办？也不要担心，《齐民要术》中还记载了各种储藏蔬菜的技术。比如，我们可以把吃不完的蔬菜做成腌菜："瓜，盐揩，日中曝令皱，盐和暴糟中停三宿，度内女曲酒中为佳。"我们可以选择用黄瓜或者菜瓜来做这道酒糟腌菜。首先用盐擦拭黄瓜或者菜瓜表面，放在阳光下晒到表面皱皮，然后用盐和较浓的酒糟腌制三天，最后转移到浓度较低的米酒中继续腌制。冬天可以随时取出来食用，既可口又方便储存。

如果你的体力足够，还可以按照《齐民要术》中的记载挖一个菜窖，具体的做法就是在地上挖一个一米深的坑，把新鲜的蔬菜铺在坑中，盖上一层土，再放上一层蔬菜，最后用大概二十厘米厚的土盖好。即使在冬天，你也可以吃上新鲜的蔬菜啦！

这本1500多年前的"荒岛求生指南"就为大家介绍到这里啦！书中还有很多精彩内容等待你去发掘。

遇水行舟 进退自如

古书奇遇记

文/哲也

我是一本书。如果你喜欢读书的话，在雨后，悠闲的下午，坐在阳台上读一本书；在冬日的傍晚，喝牛奶时读一本书……我可能就是其中的一本。也许你根本不喜欢读书，也许你觉得玩电子游戏更刺激，其实，读一本"全是字"的书也很过瘾。

我多希望你是一个喜欢书的人啊。因为我现在要讲的就是一个关于书的故事——从古代到现在书的命运。

我的诞生

那是两千多年前的事了。当时我还是一捆书简，打开的时候咔咔作响。一个满脑袋都是怪想法和有趣故事的年轻人，好像有话急着对全天下人说，兴奋地烘烤竹片，在竹片上飞快地书写。接着，年轻人把我用丝线穿起来，越穿越长，然后轻轻地卷起来，我睡着了。

接下来那段日子真是我的黄金岁月，我从一个爱书人手里被传到另一个爱书人手里，这些人常常聚在一起对我评头论足，还对我的主人说："兄弟，你的说法和某某派的学者完全相反呢！"

春秋战国时期，读书人可以自由表达自己的观点，各种思想纷纷出现，形成了"百家争鸣"的局面。当时各国国君都对有才能的读书人礼遇有加，希望他们能提出一些富国强兵的办法。

烧书的人

公元前221年，战国时代结束，我们的好日子也过去了。战国时期的秦国非常强大，秦始皇统一中国后，制定了严苛的法律。一天晚上，门突然砰的一声被推开，几名差役冲进来大喊："陛下有旨，除了医药、占卜、种树类的书，其他的书一律烧掉……"

为什么皇帝如此讨厌我们呢？我想，他是怕我们。读书人有知识，而知识就是力量，这对他来说太危险了！

迷迷糊糊中，我被丢在驴车上，幸运的是，驴车碾过石子儿时，猛地一震，我滚到了草丛里。

三天后，有人悄悄地把我捡回家，藏在了墙壁里。等我从集聚的尘埃里爬出来，已经是很久以后的事儿了。

爱书的人

轰隆隆……有一天，一声巨响把我吓醒了。只见泥墙被凿穿，一群人好奇地打量着我和我的伙伴们。

"哇！好旧的书啊！"

"正好，陛下正在到处搜集古书，我们把它们送到宫里去吧。"

原来，汉朝的第二位皇帝（汉惠帝）废除了秦始皇禁书的法令。他相信，一些书一定藏在百姓家里，于是派出很多人到处搜寻，许多跟我一样躲起来的书籍朋友这才纷纷现身。后来的汉武帝还设立了专门藏书、抄书的机构呢。

在皇宫里，我和一大群"书朋友"在一起，生活过得很惬意。可是，并不是每位汉朝皇帝都像汉武帝一样雄才大略，许多年以后，出现了一个野心勃勃的人，把汉朝的天下夺走了。

这个人叫王莽，他也没在皇帝宝座上坐多久。公元23年，讨伐王莽的军队攻进了长安，在战火中，长安城陷入一片火海之中，我的许多朋友被付之一炬……

遇水行舟 进退自如

藏书家

我很幸运，最后被灰头土脸地救了出来。许多年以后，我又被人从河边捡了起来，我的新主人是个爱书的人，他喜欢看每本书不同的版本、不同的装订方式，还会在书页上盖上一个"藏书印"，表示这本书是他的宝贝。

我从一位藏书家手中，来到另一位藏书家的藏书楼，就这样，千百年来，我换过许许多多的主人……

书的幸福生活

一转眼，我来到了科技飞速发展的21世纪。

此刻，我正待在我应该待的地方——图书馆里。在这个时代，决定书的命运的人不再是皇帝，也不再是藏书家，而是读者。印刷业这么发达，一本书一下子就可以有千千万万个化身。读者喜欢的书，就成了畅销书，卖光了马上再印，能够满足所有读者的需求。

时光不停地向前奔流，我的样子也许会不断发生改变。如今，我已经有千万个化身分布在世界各地，包括重新印刷的、改编的，也许你的书架上就有一本。我会继续为读者服务，毕竟我是书嘛。未来，我还会有什么样的朋友和经历呢？也许，我的命运就得由你来决定喽！

看完书的不凡经历后，你有什么感受呢？我觉得我们实在是太幸福了。想想看，古人必须费事地烘烤竹片，才能在上面一个字一个字地将事情记录下来，这对我们来说是多么不可思议啊！

纸的发展历程比我们想象的更有趣

文/佚 名

数千年前，结绳记事，甲骨传文，后来青铜器与石鼓上刻满文字，沉重的简牍记载着历史，昂贵的绢帛誊写着辉煌。但是，这些平民百姓接触不到的方式也在隔绝着文化……当造纸术发明并普及，人类的知识文明得以快速传播！同学们，让我们一起来追本溯源，理一理纸张的发展脉络。

西汉：出现最早的纸——灞桥纸

1957年，考古学家在西安市东郊灞桥砖瓦厂取土时，发现了一座不晚于西汉武帝时期的土室墓葬。墓中不仅有镜子等日用品，还有最早的纸——灞桥纸。

这种纸技术原始、质地粗糙，不便于书写。它主要以大麻加苎麻（少量）为原材料，只经过切、蒸、煮、舂、捣，没有"打浆"，纤维完整光滑，勉强叫作纸，跟古埃及的莎草纸一样，算不上真正意义上的纸。

东汉：蔡伦改进造纸术

蔡伦改进了纸的制造工艺，不过他改造的纸已经可以算是真正的纸。他主要利用破布和渔网为原料，制作麻纸。这种纸张的特点是能厚能薄、质细、有韧性。

遇水行舟 进退自如

晋代：拒绝迂腐，追赶新潮

东晋末期，全国以纸代替沉重的竹简。那时，古人就把灼灼的目光投向多种彩色的植物，最终锁定了平平无奇的黄檗（黄柏树），将树皮扒下晒干，熬成黄水，再用汁水浸染纸张。当然，也可以先写后染。

南北朝：火热营业的纸坊

这个时期的纸坊里卖的纸主要有三种：1.麻纸，纸色略黄，稍微粗糙；2.楮皮纸，经过十几道工艺制作而成，属于精细纸；3.桑皮纸，是一种用途广泛的生活用纸。当时的纸实在是忙，不仅要供抄录"经史子集"，书写日常公私文件，还要誊写宗教经典。因此，文人墨客踊跃而出。

唐代：女诗人薛涛发明红色"薛涛笺"

或许在白色纸上写诗写腻了的女诗人薛涛想：如果纸是彩色的，该多美啊！灵感袭来，于是薛涛搜罗来红色的鸡冠花、荷花，以及其他不知名的红花，将花瓣捣成泥，加入清水，得到红色染料，加胶调匀，将其一遍遍地涂在纸上，并用麻纸吸掉多余的水分，再压平、阴干，便得到了红色的纸。

这个时期，纸的原材料也变得多种多样，除麻纸、楮皮纸、桑皮纸、藤纸外，还出现了薄而韧的檀皮宣纸、纤维交错的瑞香皮纸、产量丰富的竹纸。

而且，纸张优秀到"出口"。纸在这个时期由丝绸之路外传，乌兹别克斯坦、朝鲜、日本、印度、阿拉伯、埃及，以及世界上其他国家都逐渐获得了中国的造纸技术。造纸术传入日本后，匠人结合本国文化，制造出了日本经典的世界非物质文化遗产——和纸。和纸通常由楮、三桠和雁皮（一种植物）的纤维制成。

宋代：偏爱竹纸

宋朝后期，市场上的纸十之七八是竹纸。

元代：漂白纸

当时主要用"熟料"漂白。"熟料"也就是石灰。将草木灰和生石灰在水中混合，用上层清液漂白纸。

清代：多种纸张，百花齐放

这个时期，出现了染色、加蜡、砑光、描金、洒金银、加矾胶等新技术，各色纸有奏本纸、榜纸、小笺纸、大笺纸、细密洒金五色粉笺、五色大帘纸、印金花五色笺、白笺、皮纸、松江潭纸、新安笺等名纸。

为了使纸具有华丽的色彩，人们在纸里添加蜡、金箔片、银箔片。而纸上的花纹则是在纹版上进行磨压而形成的。

近代：工业造纸技术大发展

要说我们现在最熟悉的纸，还是欧洲工业化后所生产的纸张。中国发明的造纸术传遍世界各地，在海外经历工业化的改造后，纸又兜兜转转回到了中国。

19世纪末，在欧洲工业革命的推动下，纸的原材料改以木材为主，机械制造让木材纤维纸的质量提高，甚至能"存活"500年！硫酸盐的化学制浆法使这些纤维原料中的纤维解离，让纸的强度变大！现代造纸工序更加复杂，纸张不仅平滑、洁白，还可根据需要造出具有各种特性的纸张。

回想数千年前，纸还是平民百姓遥不可及的奢侈品。而今天，它与我们的生活息息相关且不可替代。

遇水行舟 进退自如

古今地名大赏：
"小"名字"大"历史

文/梦涵 图/孙小片

中国国土辽阔，历史悠久，数量庞大的地名如同浩瀚的海洋，它们不仅是特定区域的符号，更是意蕴万千：有源源不绝的文明沉淀，有时过境迁的烟雨沧桑，有本地变迁的刻痕印记，更有着中国人血脉的归属，铭刻着神州大地的璀璨河山，记录着泱泱中华的峥嵘岁月。那么，你了解地名背后的故事吗？

古典文学中的绝妙地名

诗词中的地名

诗词中的地名，往往沉淀了古代文人的文学想象。比如作为唐代都城，"长安"二字便逐步演化成繁华和权力的象征，一句"长安古道马迟迟"道尽人间世事。而扬州总是同繁华盛世、裘马轻肥、歌楼红烛的生活场景相联系——"春风十里扬州路，卷上珠帘总不如""东南自古繁华地，歌吹扬州"。

古代诗人中不乏旅游达人，他们把自己走过的地方记录在山水诗中，如李白在《峨眉山月歌》中写到的"峨眉山月半轮秋，影入平羌江水流。夜发清溪向三峡，思君不见下渝州"；杜甫的《闻官军收河南河北》里"即从巴峡穿巫峡，便下襄阳向洛阳"。如诗如画的文字为我们展现出中华大地的壮美山川。

名著中的地名

古典名著中的地名更是包罗万象，含义丰富。有的地名是作者虚拟的；有的是神话、传说中的地名，作者用来渲染环境或制造浪漫的气氛；还有的地名是真实的。《红楼梦》堪称一例，书中的地名尤其丰富。除了小说主线发生地金陵，以及黛玉的家乡姑苏，还提到了很多摆设、器物、服饰、酒茶原产地的名字。如第十六回写贾琏由苏州带回"惠泉酒"让奶娘尝一尝，"惠泉酒"产于无锡惠山，惠山泉号称天下第二泉，此地以酒闻名；第四十一回写贾母不喝"六安茶"，"六安"指的就是今天的安徽省六安市。

古今地名变迁大赏

长安→西安：
从"西北望长安"到"肉夹馍代言人"

早在西周时期，周文王和周武王分别建丰京和镐京，合称丰镐，这便是长安城的前身。汉高祖刘邦定都长安，取"长治久安"之意，在长安城建长乐宫和未央宫。

随着丝绸之路的形成与繁华，长安逐渐成为东方文明的中心。隋唐时期，长安城重新划分为长安县和万年县，取意"万年长安"。长安城经历了汉、晋、隋、唐，社会与经济发展蒸蒸日上，成为万国敬仰之地，吸引了无数外国使节和文化朝拜者，是中华文化自信开放、大气恢宏的精神象征。

唐代以降，随着中国政治经济文化中心东移，长

遇水行舟 进退自如

安逐渐失去中心地位。宋代，长安城经历了"永兴军路—陕西路—京兆府"的变化，元代先后改"京兆府"为"安西路"和"奉元路"，到了明代，则改"奉元路"为"西安府"，"西安"之名便沿用至今。

"云白山青万余里，愁看直北是长安。"如今行走于西安城内，依然可以寻见那个儒雅、大气的世界之都——长安的踪迹，还能闻到阵阵肉夹馍的香味儿。

金陵➛南京：
从"金陵帝王州"到"南方的京城"

金陵因南京钟山春秋时期称金陵山而得名，战国时楚国于石头山筑城置金陵邑，秦汉时期，金陵随着经济的发展而建县渐多。

汉末三国时期，孙权迁都至金陵改称建业，建业逐步成为南方政治经济文化中心，构成与北方中心"长安、洛阳、邺城"相抗衡的格局。公元317年，晋琅琊王司马睿建立东晋政权，定国都于此，改称建康。"王谢堂前双燕子，乌衣巷口曾相识"即是当时王谢两大名门望族的写照。此后，南朝宋、齐、梁、陈相继定都建康。建康成为当时世界上第一个人口超过百万的城市，史称"六朝繁华"。

隋唐之后，金陵作为江南地区中心建府，先后取名"江宁府""应天府"。

1368年，朱元璋在应天府建立明朝，改称"南京"，与"北京"相对。此后，"南京"一名沿用至今。

"夜来莲花界，梦里金陵城。"今天的我们，站在秦淮河畔，通过一首首动人的诗篇，仍然能想见昔日的六朝繁华。

兰陵→枣庄：
从"兰陵王入阵曲"到"枣庄笑笑生"

兰陵，也是一个雅致得让人心生向往的名字。兰陵起源于夏代的名邑，兰为高洁的香草，陵为高地，这一地名有"圣地"的寓意。

战国时，楚国设立兰陵县，荀况出任兰陵令，后长居于此著书立说，也就是后世流传的《荀子》。汉末三国时期，兰陵隶属徐州东海郡。十六国时期至北齐时期，设兰陵郡。隋唐之后兰陵逐渐衰落，至明朝初年，鲁峄地区矿业发达，逐步发展为以枣庄为经济中心的州县，"枣庄"一名便沿用至今。

"兰陵美酒郁金香，玉碗盛来琥珀光。"历经千年，"兰陵"虽已消逝在历史长河中，但山川盛景依旧，仍令人心潮澎湃。

徽州→黄山：
从"无梦到徽州"到"魅力黄山"

隋朝时期，歙、黟（yī）两县被并入海宁为歙州，宋徽宗时期改歙州为徽州。

徽州历经宋元明清四代，囊括一府六县。"安徽"便是取安庆之"安"、徽州之"徽"作为省名。在历史中逐步发展出包含新安理学、徽州医学、徽州建筑、徽州朴学、新安画派、文房四宝等深厚内涵的地域文化。徽州文风昌盛、人才辈出，诞生了朱熹、戴震、胡适等文化名人。改革开放后，为促进旅游经济的发展，徽州市更名为黄山市。

今日的黄山，虽不复徽州之名，但黄山的险峻奇秀、徽派建筑的精美独特、徽州文化的博大深厚，仍然让无数人痴迷。

遇水行舟 进退自如

卧闻山寺夜钟声

文/叶世慧 图/路 子

枫桥夜泊

［唐］张继

月落乌啼霜满天，
江枫渔火①对愁眠。
姑苏②城外寒山寺③，
夜半钟声到客船。

注释：

①渔火：渔船上的灯火。

②姑苏：今江苏省苏州市。

③寒山寺：苏州枫桥附近的寺院。

滚滚长江东逝水，流过了多少岁月！从江面捡起一片枫叶，回去夹在唐诗里，扁扁的，像压过的叹息。那叹息上赫然写着四个字：枫桥夜泊。

隋唐科举，寄托了多少知识分子齐家治国的理想，也记录了多少学而优则仕的功利主义诱惑！然而历史的书页翻过，无数状元才子被时光尘封在远古的记忆里，落榜学子张继，却吟着一首诗，在寒山寺的钟声中穿越历史的天空，与我们同行。

让思绪定格在那一天。夜无语，江无语，万籁俱寂。天地肃静，只为等待他的声音。

可，他又能说什么？他又该说什么？红榜长长，却单单容不下他的名字——张继。

他无语，亦无泪。他只是沉默着，沉默着。他的世界在那张红榜上沉寂。他似乎失去了感知能力，抑或世界也在这种沉默中深切地悲哀着。他看不到夕阳，闻不到花香，听不到马蹄声声。

他坐上一条小船，离去。命运的捉弄让他无可奈何。十年寒窗寒窗十年，夜夜挑灯挑灯夜夜，却只赢得一场落寞。他在江面上漂泊，他的命运也在江面上漂泊。他的心，如天地开辟之前的鸿蒙，只是一片混混沌沌，理不清头绪。风带着记忆吹过——那些在书香中弥漫着清苦却充满希望的日子，在眼前缥缈而过。生活像一场冗长而又可笑的梦，那些对未来的美好向往也无非是自娱自乐。

是夜，大家都睡了。只剩下不眠的江枫，不眠的渔火，不眠的他。满腹惆怅，看着上弦月在午夜陨落，听着乌鸦啼唱繁霜露凝的挽歌。钟声响起，在夜空中四散开来。不知不觉，他已来到姑苏城下。那是寒山寺的钟声，它也未眠吗？

他停船上岸，循钟声而去，仿佛那是他的寄托。他茫然，却又觉得，世界虚妄了，只有他是真实的。

遇水行舟　进退自如

　　他来到钟前,与它对视着。他默默地说:"我知道,它懂我。是否它在这里风尘仆仆地站了百年,只为等我?"钟在这里屹立着,安然自得,仿佛这就是它一生的处所。而他呢,红榜不是他的归宿,可天大地大,总该有他的归宿吧?次日,他在晨曦中起程。

　　临行前,他在钟旁写下了《枫桥夜泊》,记下了他和钟声的心灵共鸣。该放下的总要放下,该经过的,无法错过。寒山寺的钟声,他曾路过、听过。正如那次考试,那次失败,也将成为他生命中的过往。

　　张继此诗,用午夜时分六种有密切关联的景象,将外部景象与内心所感,即水乡秋夜的幽寂清冷和羁旅行役的孤独寂寞,和谐地融为一体,写尽了中国式的悲伤与落寞:独自在异乡做客,在人生失意时做客,热闹永远是别人的,或许还要收拾残局,清理完失意后重新上路,但故乡归途,也是种诱惑。

　　如果说诗的前两句是用景色动静、明暗作对比,将触觉听觉视觉搭配,构成密集的意象,那么诗的后两句则只写了一件事:卧闻山寺夜钟声。当万物静谧,天地间只剩下钟声在回响,这就变成了一场人与钟的对话,一场作者对人生的思索:从青春到白发有什么收获?到如今花开几度,自己的期待都凋零在远处的红榜上。岁月在旅途中度过,至今未结束,空楼独宿,一叶落寞。不如随钟声归去,看云卷云舒,花开花落。

　　当年华老去,铅华洗尽,张继可以一脸平静地说:我曾经夜泊枫桥。

视野·诗词现场

一处山水一首诗

文/夫 子

出游是每个孩子都喜欢的,但写游记可就不一定了。那么,如何优雅又不失水准地用文字描述出游见闻和感想呢?我们不妨来学学古人的"旅行日记"吧。

打卡胜地:泰山

望 岳

[唐]杜 甫

岱宗夫如何?齐鲁青未了。
造化钟神秀,阴阳割昏晓。
荡胸生曾云,决眦入归鸟。
会当凌绝顶,一览众山小。

这首诗的一二句写泰山山脉绵延辽阔;三四句写泰山雄峻磅礴;五六句是仔细远望,见群峰云生,仿佛有归鸟入谷;七八句想象将来登山所见的景象,同时抒发自己的抱负,表达了诗人不怕困难、敢攀顶峰、俯视一切的雄心和气概,以及卓然独立、兼济天下的豪情壮志。

全诗没有一个"望"字,却紧紧围绕诗题"望岳"中的"望"字着笔,句句写望岳,由远望到近望,再到凝望,最后是俯望,给人以身临其境之感,

遇水行舟 进退自如

可见诗人的谋篇布局和艺术构思是精妙奇绝的。

打卡胜地：嵩山

归嵩山作
[唐] 王 维

清川带长薄，车马去闲闲。
流水如有意，暮禽相与还。
荒城临古渡，落日满秋山。
迢递嵩高下，归来且闭关。

清澈的流水环绕一片草木丛生的沼泽地，车马徐徐而去从容悠闲。
流水有意与我同去永不回返，暮鸟有心跟我一起倦飞知还。
荒凉的城池紧挨着古老的渡口，落日的余晖洒满了经秋的重山。
远远地来到嵩山脚下安家落户，紧闭房门谢绝世俗度过晚年。

此诗通过描写诗人辞官归隐嵩山途中所见的景色，抒发了其恬静淡泊的闲适心情。全诗质朴清新，自然天成，尤其是中间两联，移情于物，寄情于景，意象疏朗，感情浓郁。诗人随意写来，不见斧凿之迹，却得精巧蕴藉之妙。

打卡胜地：桂林

送桂州严大夫同用南字
[唐] 韩 愈

苍苍森八桂，兹地在湘南。
江作青罗带，山如碧玉篸。
户多输翠羽，家自种黄甘。
远胜登仙去，飞鸾不假骖。

这是唐代文学家韩愈在送别友人严谟时所作的一首五律。此诗首联点明严谟赴任之地是位于湘南的桂林，颔联以高度的概括力写桂林山水之美，颈联写桂林迷人的风俗人情，尾联说到桂州赴任"远胜登仙"，流露出诗人的艳羡之意，表达了对友人的祝愿与不舍。

这首诗将深挚的友情寄寓在景物描写中，质朴淡远，既是写景名篇，又是送别佳作。

打卡胜地：武侯祠

蜀　相
［唐］杜　甫

丞相祠堂何处寻，锦官城外柏森森。
映阶碧草自春色，隔叶黄鹂空好音。
三顾频烦天下计，两朝开济老臣心。
出师未捷身先死，长使英雄泪满襟。

《蜀相》是唐代诗人杜甫定居成都草堂后，游览武侯祠时创作的一首咏史怀古诗。此诗借游览古迹，表达了诗人对蜀汉丞相诸葛亮雄才大略、忠心报国的称颂，以及对他出师未捷而身死的惋惜之情。诗中既有尊蜀正统的观念，又有才困时艰的感慨，字里行间寄寓着感物思人的情怀。

这首七律章法曲折婉转，自然紧凑。前两联记行写景，洒洒脱脱；后两联议事论人，忽变沉郁。全篇由景到人，由寻找瞻仰到追述回顾，由感叹缅怀到泪流满襟，顿挫豪迈，几度层折。全诗所怀者大，所感者深，雄浑悲壮，沉郁顿挫，具有震撼人心的力量。

打卡胜地：三峡

上三峡
［唐］李　白

巫山夹青天，巴水流若兹。
巴水忽可尽，青天无到时。
三朝上黄牛，三暮行太迟。
三朝又三暮，不觉鬓成丝。

《上三峡》是唐代诗人李白晚年被流放夜郎（今贵州桐梓一带）时的作品，全诗虽仅八句四十字，却充分表现了诗人去长江三峡时行路的艰难以及内心的痛苦。此诗表现手法多样，语言自然率真，虽流露出忧郁伤感的情绪，但气象雄伟，意境开阔，显示出诗人豪迈的气概。

铁马冰河梦

文 / 范晨光　图 / 米米儿插

夜已深，四周一片寂静，陆游仰面躺在床上。"咳咳"，一阵剧烈的咳嗽刺破了夜晚的宁静。门开了，儿子走了进来，一脸关切地说："父亲，您的咳嗽越来越严重了，我去给您熬药。"陆游点点头，将视线转向了窗外。夜空中繁星点点，他用双眼吃力地寻找着象征大宋国运的紫微星，却发现几乎找不到了。陆游恨恨地想："何时才能挽雕弓如满月，射下西北那凶恶的天狼！"不知不觉间，思绪回到多年前……

遥记，自小天资聪颖，钻研兵书兵法，勤奋练剑习武。二十五岁拜爱国诗人曾几为师。在良师的教诲下，更坚定了金戈铁马的理想，抚剑而歌，只为等待，等待着一个保家卫国的机会……

机会来了，欣然接受了王炎的邀请去西北军事重镇南郑任职。在军中八个月，衣不解带，日夜戒备，与将士们同进退，成了这一生最美好的记忆。"羽箭雕弓，忆呼鹰古垒，截虎平川。"军营前，向北远望，大好河山一览无余。"上马击狂胡，下马草军书"，豪情万丈地向将士们许诺定要"偏师缚可汗，倾都观受俘"，率军直捣黄龙，做岳将军都不曾做过的大事。"铁骑无声望似水。想关河，雁门西，青海际"，梦中铁骑行似流水，快如电掣，狠狠地刺入胡人的军队。戴金盔，披金甲，手持三尺青锋如入无人之境。运筹帷幄，剑锋掠过汹涌的黄河，跨过黄沙漫天的雁门关，翻过冰天雪地的长城，直抵遥远的青海边境，那才是大宋的版图！

上天不公，在筹划伐金大计时，来自朝廷的一纸调令如一盆冷水。短短的八个月一瞬而过，一切都成了过眼云烟，到头来还是议和。四十七岁那年被迫入蜀闲居。蜀地果然歌舞升平，望着纸醉金迷的天府之国，一篇《长歌行》跃然纸上。"犹当出作李西平，手枭逆贼清旧京。""岂其马上破贼手，哦诗长作寒螿鸣？"在这所谓的天堂中唯有自己想着"国仇未报壮士老，匣中宝剑夜有声"。孤灯挑尽未成眠，魂牵梦萦中仿佛又回到了营盘，率千军万马，踏破贺兰山缺！回首处，风萧瑟，鹰振翅，翱翔于九天之上！忽然惊醒，汗湿薄衣。低吟再三，思索良久，挑起灯油，举狼毫蘸饱墨。一篇报效国家的谏论一挥而就，唯盼皇帝能赐兵符金印，收复北境。诏书来了，却不是封侯挂帅，而是罢官免职。

"胡未灭，鬓先秋，泪空流"，报国无门的烦闷孤寂，何人能了解？国且危亡，在于旦暮，这烦闷愁绪，唯有喝着朔北之地的烈酒，在深夜"醉里挑灯看剑，梦回吹角连营"。那里有膘肥体壮的胡马，有手持强弓硬弩的精兵，有受尽屈辱的宋朝遗民。更重要的是，有数以万计心怀不甘的将士。"僵卧孤村不自哀，尚思为国戍轮台。夜阑卧听风吹雨，铁马冰河入梦来。"前线又告急，"遗民泪尽胡尘里，南望王师又一年"。有同辛弃疾一样的梦想，"金戈铁马，气吞万里如虎"，却因无法说服天子而作罢。步至窗前，看天上阴云密布，长叹一声"此生谁料，心在天山，身老沧州"。

思绪收回，阵阵苦涩的药味传来，儿子端来一碗药，陆游却说："取纸笔来。"儿子劝说："父亲，不要再写了。您的病……"陆游大怒："你连祖国危亡都不关心，要九尺之躯有何用？咳咳……"纸笔取来，陆游缓缓地题下四句："死去元知万事空，但悲不见九州同。王师北定中原日，家祭无忘告乃翁。"写完之后，陆游仰面躺下，喃喃道："一定要记着这国仇家恨，替为父率铁马，渡冰河！"说罢缓缓闭上了眼睛。

儿子立在床边，怔怔地望着星河。突然，一道流星划过天际，点亮了紫微星，渡过银河，直冲西北而去……

遇水行舟 进退自如

大宋风尚志
文/侯 磊

以词讲史，史眼别裁。从诗中所观的，不仅是时代的印记，更是历史。"诗亡而后春秋作"，诗人失职后，才轮到历史学家出场。无论是唐诗还是宋词，所呈现给后世读者的，不仅是文人们狂狷的人生、痛苦的心灵，更是在历史书中读不到的鲜活的历史。

耕作：稻花香里说丰年

西江月·夜行黄沙道中

辛弃疾

明月别枝惊鹊，清风半夜鸣蝉。
稻花香里说丰年，听取蛙声一片。
七八个星天外，两三点雨山前。
旧时茅店社林边，路转溪桥忽见。

西江月，词牌名，取自李白的诗《苏台览古》中的两句"只今唯有西江月，曾照吴王宫里人"，这个词牌是很常见的。辛弃疾的这首《西江月》写的是他在江西上饶一带赶路，走在黄沙道上所看到的怡人的乡村风景。

根据学者蒙文通先生考证，唐代农作物平均亩产量约1.5石，而宋代平均亩产量约2石。

宋代的科技更为发达，灌溉与耕作的技术都有很大提高，田地间到处都有灌溉的水车，各种农具都得到了改进，而且宋代更为平民化。唐代还保存着一些魏晋时期庄园似的农田经济，宋代完全打破。从这时起，中国有了民谚："苏常熟，天下足。"苏州、常州一带的稻米熟了，整个天下也就富足了。

宋代农业的发达自不必说，皇帝号召开荒，百姓自然要跟从。于是，小麦从北方推广到南方，水稻又从南方推广到北方，连来自越南中部占城的占城稻都风行一时。这种稻米耐干旱，适应性很强，仅仅五十多天就能收获，百姓自然安居乐业，丰衣足食，这确实是大宋的福音。

古诗词和音律是相通的，好的诗词读起来能让人感觉到声音的美妙，而这首词更适合用童声来朗读，尤其是"稻花香里说丰年，听取蛙声一片"，那清脆的童音，让人感觉到面前是一片午夜之间清新的稻香，耳边是潺潺流水和蝉鸣蛙鸣，又有萤火虫在前面引路飞舞，走到树林的隐秘之处，那里将是一派世外桃源。这就是富饶的大宋的美景，处处充满了稻花的香气。

庭院：庭院深深深几许

蝶恋花·庭院深深深几许

欧阳修

庭院深深深几许，杨柳堆烟，帘幕无重数。

玉勒雕鞍游冶处，楼高不见章台路。

雨横风狂三月暮，门掩黄昏，无计留春住。

泪眼问花花不语，乱红飞过秋千去。

遇水行舟 进退自如

蝶恋花本是唐代教坊的曲名,以梁简文帝的乐府名句"翻阶蛱蝶恋花情"为来源,大凡蝶恋花这个词牌的宋词,都是唯美的。若要说宋代人的居住条件,还要从这首词的第一句说起。

宋代的建筑工艺足以让当代人震惊。当时木匠喻皓写了《木经》,李诫写了《营造法式》,后人都是照此来搞古建筑的。现在人们完全可以通过《清明上河图》,看看宋朝人住着怎样的房子。

礼教是宋人最为看重的,宋代的建筑多有反映。皇帝曾经多次下令,要求全国的建筑遵从礼教,只有寺庙和宫殿可以用雕龙画凤的彩绘,除非皇帝钦赐,三品以下的官员在生活中都不能使用金器。一般的房子都是坐北朝南的,窗户和门向南或东边开,窗格多是直棂的,十分朴素。房瓦有白色、青色和琉璃的。当时琉璃瓦烧造技术已经很发达。中国现存的宋代建筑有一百多座,大多是坐落在山西山沟里的寺庙,结构绚丽复杂,不再像汉唐时期那样只是个体巨大的建筑。

士大夫们在优厚的俸禄下,十分热衷于建造大宅子和私家园林。宰相赵普的私宅十分高大恢宏,苏轼弟弟苏辙的家也有上百间房屋,只有范仲淹等少数人对此没什么兴趣。欧阳修曾经官至翰林学士、兵部尚书等职,想必他家的庭院也是很深的,所以有了"庭院深深深几许"这句。这句话最为后世的李清照所喜欢,她写道:欧阳公作《蝶恋花》,有"深深深几许"之句,予酷爱之。用其语作"庭院深深"数阕,其声即旧《临江仙》也。

由此还特意作了几首《临江仙》,第一句也是"庭院深深深几许"。不过,李清照在济南的故居遗址就在趵突泉公园内,已经无法考证她家的庭院了。

菜蔬：黄瓜成为家常菜

浣溪沙·簌簌衣巾落枣花

苏轼

簌簌衣巾落枣花，村南村北响缲车。

牛衣古柳卖黄瓜。

酒困路长惟欲睡，日高人渴漫思茶。

敲门试问野人家。

一直想找句写宋人吃蔬菜的诗词，终于找到这句"牛衣古柳卖黄瓜"。读罢这首词不禁眼前一亮，太有生活感了。过去都说北京有两大俗人：一个是齐白石，他连虾米白菜都画；一个是老舍，他连拉洋车的都写。如果说唐朝有一大俗人，那就是白居易，他爱写哪儿的烧饼好吃。宋朝有一大俗人，那必须是苏东坡，他写过"蒌蒿满地芦芽短，正是河豚欲上时"，连肝脏、血液有剧毒的河豚都不放过；他不仅写怎么做酱肘子，还写在哪儿卖黄瓜。更有价值的是，他让我们知道，宋朝就卖黄瓜、吃黄瓜了。

卖黄瓜的地点，是现在江苏徐州的农村。苏轼担任过太守的地方很多，他在徐州也当过太守，可惜现在此地没有关于他的遗迹了。元丰元年的春天，即公元1078年，徐州发生了旱灾，苏轼带人到徐州郊区去求雨，结果还真下雨了。他要去还愿，在路上一时兴起，写了五首《浣溪沙》，这首就是其中的第四首，最为世人称道。人们觉得满眼是枣花、织布机、黄瓜的太守，以及渴了就敲门找人要茶水喝的太守，肯定是个平民气质很浓的好官。

黄瓜原产于印度，最早的黄瓜是野生的，很苦。早在三千年前就被驯化栽培了。先是从印度传到中亚，在汉代张骞出使西域的时候被带到中国。黄瓜也叫胡瓜、王瓜等，很多诗文中的瓜都指它。唐代王建的《宫前早春》中写道：

酒幔高楼一百家，宫前杨柳寺前花。

内园分得温汤水，二月中旬已进瓜。

遇水行舟 进退自如

古代名人"反差萌"大赛

文/佚 名

历史书中的古人都是什么样子的呢？富有权谋、惊才绝艳、性情洒脱、寄情山水、怀才不遇……其实，人都是多面的，无论史书上如何书写，真正的古人绝不仅仅是我们知道的样子。有些古人的反差也许会惊掉你的下巴，本期就有数位古人来参赛，快来评评谁是古代"反差萌"大赛的冠军吧！

杜甫
稳重 VS 浮夸

你知道的他

他悲天悯人，忧国忧民；他一生落魄，半生漂泊；他有"致君尧舜上，再使风俗淳"的宏伟抱负；他青史留名，被后世尊称为"诗圣"。

你不知道的他

赋料扬雄敌，诗看子建亲。李邕求识面，王翰愿卜邻。

——《奉赠韦左丞丈二十二韵》（节选）

你觉得杜甫的这首诗是在夸谁呢？答案揭晓："我写的辞赋，估计也就扬雄勉强可以和我匹敌，李邕寻求机会想与我见面，我根本不搭理他……"

更要命的是，这竟然是一首求人接济的诗！

苏轼
文豪 VS 厨神

你知道的他

他是北宋著名文学家、书法家、画家；

他是绝世大文豪，有"苏氏文章擅天下"的才华；他亦是豁达真君子，有"一蓑烟雨任平生"的洒脱。

你不知道的他

在华夏美食中，有 66 个菜名都因他而起。最具代表性的三道菜：东坡肉、东坡鱼、东坡肘子。相传苏东坡每到一地，就为当地的美食写诗词：《猪肉颂》《食荔枝》《咏橘》《豆粥》《为甚酥诗》……

看看这繁多的吃喝诗词，"厨神坡"绝非浪得虚名！

陆游
硬汉 VS 猫奴

你知道的他

他是"铁马冰河入梦来"的爱国诗人；
他用《书愤》宣泄自己的报国之志；
他用《卜算子·咏梅》表达自己的坚贞不屈；
他用《示儿》诉说自己对收复河山的渴望。

你不知道的他

在大众眼中，铁汉形象的他居然是个猫奴，唤心爱的猫"小於菟""狸奴"，还为它们疯狂作诗：《赠猫》《赠粉鼻》《嘲畜猫》《得猫于近村以雪儿名之戏为作诗》……

李清照
淑女 VS 酒痴

你知道的她

她是宋代女词人，是婉约派的代表；
她有"千古第一才女"的美誉；
她的文字有女性独有的温暖、细腻、柔绵。

你不知道的她

开心要喝："常记溪亭日暮，沉醉不知归路。"
伤春要喝："昨夜雨疏风骤，浓睡不消残酒。"
赏花要喝："不如随分尊前醉，莫负东篱菊蕊黄。"
想家要喝："故乡何处是，忘了除非醉。"

遇水行舟 进退自如

李绅
父母官 VS 贪官

你知道的他

锄禾日当午,汗滴禾下土。
谁知盘中餐,粒粒皆辛苦。

——《悯农》

可以想象,李绅是一个心里装着百姓的人。

你不知道的他

谁知步入仕途之后,李绅判若两人。

非但不体恤百姓生活的疾苦,还完全忘记了为人之本,整日铺张浪费,奢靡无度,且对百姓极为漠视。全然不见当年那个怀着同情和愤慨的心情,写下流传后世的《悯农》的大善人。

李白
诗仙 VS 古惑仔

你知道的他

他是一生潇洒、风流俊雅的"青莲居士";
他是文采斐然、胸怀万丈的"谪仙人";
他是前无古人、后无来者的"诗仙太白"。

你不知道的他

结发未识事,所交尽豪雄。却秦不受赏,击晋宁为功。

——《赠从兄襄阳少府皓》(节选)

李白自述,在少不更事的时候曾结交过许多道上混的朋友,时常出门去行侠仗义,为兄弟不惜两肋插刀。这……妥妥的大唐"古惑仔"啊!

古人的科幻想象力

文/刘黎平　图/狼仔工作室

对地球以外的生命的好奇和探索，其实在古代就开始了。东晋乃至明朝的神怪小说，有一些就是科幻小说，内容充分显示了当时人们对地球以外的生命的幻想乃至向往。

科幻一：火星人降临东吴，一路爬升离开

晋朝时，有个叫干宝的文学家，写了一部书叫《搜神记》，说是搜神，其实是虚构神仙，其中还虚构了一些地球之外的生命。

《搜神记》第八卷中记载，公元260年，东吴怕前方将士军心不稳，投敌而去，于是将他们的家属扣押在一起。有一天，一群被扣押的儿童聚在一起玩耍，忽然来了一个与众不同的孩子——身长四尺多，穿着青色的衣服。让人害怕的是，这个小朋友的眼睛里有光芒往外照射。大伙儿问他："你是从哪儿来的？"这个小朋友给出了明确的答案："我非人也，乃荧惑星也。"按照现在的理解就是：我不是地球人，我来自火星。

荧惑，是古人的说法，就是指现在的火星。无论是东方还是西方，古人都迷信火星是战争的象征。这个来自火星的小朋友给地球上的人类带来了什么消息呢？果然，是预言战争的。他说：以后天下归于司马家。对这个预言，我们可以一笑置之，因为干宝出生在三国统一之后的282年，小说里这么说其实是事后诸葛亮的做法。不过有趣的是，这个来自火星的小朋友离开地球的方式——他往上一跳，拽着一根绳子升向空中，渐渐地越升越高，一会儿就不见了。是不是有一艘飞船在空中等着他，放下一根绳子，先将他吊上飞船，然后飞走了？看到这里，不得不佩服干宝的科幻写作手法，让1000多年以后

的人们看起来，一点儿也不觉得违和。

科幻二：唐朝人游嵩山，遇到月球挖矿工

唐朝有一部志怪著作，名曰《酉阳杂俎》，风格比较高冷，其中对外星文明的描写也是如此。

据《酉阳杂俎》第一卷中记载，唐文宗时期，即公元9世纪初，有两个读书人，一个姓郑，一个姓王，一起去游嵩山。他们攀着藤萝，在山涧幽谷里走着走着就迷路了，正好是日暮时分，一时不知道该往哪里走。这时候他们忽然听到有打呼噜的声音，拨开荒草一看，见到一个穿着白色衣服的男子，枕着枕头正在呼呼大睡。他们叫醒他，并向他问路。这人比较高冷，看了他们一眼便继续睡觉——反正不是我迷路，有什么可急的？

连续叫了几次之后，这人才邀请他们坐下来，说："你们知道月球是由什么组成的吗？"两个地球人连连摇头。这个白衣人说："月乃七宝合成。"意思是说，月球是由七种矿石组成的！

一个唐朝人居然知道月球上有矿石，多么有先见之明。别急，再听下去。白衣人说："俺们月球就像个小丸子，上面的影子，就是太阳照在其凸出的地表上造成的。"（"月势如丸，其影，日烁其凸处也。"）也就是说，月球上的光芒是太阳光反射造成的。

白衣人还说："在月球上对它进行修理的工人，有8.2万多家，我是其中一个。"估计也就是个挖矿工。他还介绍了他们的生产规模，有工人8万多户。如果按照每户4个人来算，有30多万外星人聚集在月球上。

接着，这个月球修理工还给两个地球人展示了生产工具，分享了太空食品（"因开幞，有斤凿数事，玉屑饭两裹"）。据说是营养食品，虽然不能够使人长生不老，但可以提高生命质量，一辈子不生病（"虽不足长生，可一生无疾耳"）。不知道这是什么超级营养品。在给二人指明道路之后，这个月球修理工也"嗖"地一下不见了。

这篇科幻小说最大的亮点在于：知道外星球上有矿石，而且成立了大型挖矿公司。公元9世纪的中国人，想象力的丰富和逻辑的严密，不得不让人叹服。

科幻三：秦始皇接见外星潜水艇部队

想象没有边界，只要敢想，古代的科幻作家什么都敢写，东吴人遇见火星人算什么，唐朝人遇见月球修理工又算什么，秦始皇还遇到过潜水艇部队呢。

据东晋王嘉编著的《拾遗记》第四卷中记载，秦朝时，忽然有外星人来访，人家不是来自蓬莱仙境，而是来自具体的国度——宛渠国。人家是驾驶着海螺形的潜水艇来的，这种船只密封性很好，在水里航行，一滴水也渗不进去。这些人平均身高十丈，可真够吓人的。

在这篇科幻小说里，秦始皇亲自接见了这些外星朋友，还与其进行了互动。这些个子高大的外星人喜欢吹，吹的什么就不说了，有一条蛮有意思的，说是他们在上古时期发现了一种燃料，是石头，可以燃烧（"及夜，燃石以继日光。此石出燃山，其土石皆自光澈"）。这种矿石易碎，但是敲碎之后，形状好像粟米，哪怕只用一小粒都有相当强的照明效果。想象力达到这个地步，不一般啊！

古代这些关于其他文明的记载，不只说明了古人对外界有着强烈的兴趣，其思维活跃不受拘束，更令人惊奇的是，古人在幻想的同时，不失严谨的思维、科学的判断，居然还和现代的东西有吻合之处，可见中华民族是一个既重想象又重实证的伟大民族。

遇水行舟 进退自如

帝王圈的"奇葩说"

文/深海水草

帝王们并不总是一本正经的，有时候，一国之君也会干点儿奇葩事，甚至会带出点儿反差萌。

魏文帝曹丕：葬礼上学驴叫

魏文帝曹丕在世人的印象中一直是个文武双全、颇有建树的皇帝，但他曾经做过一件让人瞠目结舌的事——在好友的葬礼上学驴叫。

《世说新语》中曾记载，"建安七子"之一的王粲英年早逝，当时身为世子的曹丕带领一众好友前来悼念，本来气氛是很悲伤的，可曹丕忽然说，王粲生前最喜欢驴叫，大家每人学一声驴叫，就当是给他送别吧。

听到这个建议的众人，内心是震惊的，也是崩溃的：是我们听错了，还是你说错了？你是认真的吗？

可曹丕用行动证明：他确实是认真的。在曹丕带头学了一声驴叫之后，其他宾客只好积极响应。

于是，史上氛围最怪异的葬礼诞生了，没有人哭丧，只有驴叫声此起彼伏，也不知王粲泉下有知会不会感到一丝欣慰。但曹丕这个惊人之举后来被人传为美谈，从此就有了"驴鸣送葬"的典故。

明太祖朱元璋：我和数字不得不说的故事

明朝开国皇帝朱元璋原名朱重八，他的家族有个十分奇怪的传统，那就是特别爱用数字取名。

就从朱元璋的高祖说起吧，老朱家的高祖名叫朱百六，生了两个儿子，长子叫朱四五，次子叫朱四九。看来看去，咱也没看明白这里面的数字规律，就是看见这俩名字特别想背诵乘法口诀……

朱四九就是朱元璋的曾祖，他生了四个儿子，分别叫初一、初二、初五、初十。这也挺奇怪，按道理第三位不应该是初三吗？而且最后一位怎么一下子就初十了呢？

朱初一就是朱元璋的爷爷，他有俩儿子，朱五一和朱五四，这个倒是好记，一个是劳动节，一个是青年节。

朱五四就是朱元璋的老爸，他和朱元璋的伯父各自生了四个儿子，一律按照"重+数字"的规律起名，于是到了朱元璋这一辈，老朱家儿子们的名字队形非常整齐：重一、重二、重三、重四、重五、重六、重七、重八。

老朱家对数字是真爱啊！

明熹宗朱由校：我的木匠人生

如果给朱由校印一张名片，那么"皇帝"这个头衔可能得放在最后。排在前面的职业包括木匠、建筑师、设计师。因为对朱由校来说，这些都是他的人生梦想。至于当皇帝，对不起，没兴趣。

正常皇帝每天的日常：上朝、批奏章、处理国家大事。朱由校每天的日常：做木工、做木工，还是做木工。

虽说皇帝当得不怎么样，但在木工方面，朱由校算是登峰造极。他的木器作品都是亲手制作的，而且艺术感和设计感俱全。据说他曾经仿照乾清宫造出了一个高不过三四尺的微缩模型，亭台楼阁无不精美绝伦，让人叹为观止。

有一次，朱由校打造了一套护灯小屏，上面雕刻着寒雀争梅的图案，让太监拿去市场上叫卖，结果卖出了一万钱的天价。

朱由校特别开心：这就是实力！

治理国家什么的，哪有当木匠有成就感哪！

雍正帝胤禛：我爱汪星人

雍正朝有个部门的人员工作压力特别大，他们就是"造化"和"百福"的服务团队。

您问"造化"和"百福"是何方神圣？它们是雍正帝最宠爱的两只宠物狗。

遇水行舟 进退自如

那服务团队的压力又从何而来呢？且看看雍正帝为了两只汪星人下过的那些旨意，就明白了：

雍正元年（1723）七月初六，传旨：给造化狗做麒麟衣一件、老虎衣一件、狻猊马衣两件。俱用良鼠皮等毛做。

雍正五年（1727）正月十二，传旨：给造化狗做纺丝软里虎套头一件。再给百福狗做纺丝软里麒麟套头一件。

雍正五年（1727）二月二十，传旨：原先做过的麒麟套头太大，亦甚硬，尔等再将棉花软衬套头做一份，要收小些。

雍正七年（1729）正月初九，传旨：给造化狗做的虎皮衣硬了，着再做软虎皮衣一件。

雍正七年（1729）九月二十五，传旨：虎皮衣上托掌不好，着拆去。再狗衣上的纽襻钉得不结实，着往结实处收拾。

雍正十年（1732）十一月初九，传旨：貂皮狗衣一件、猪皮狗衣一件，因圆明园随侍年久，经夏虫蛀落毛，难以应用，欲另换做貂皮衣一件，再做一木匣盛装。

天哪，只是狗狗的衣服，皇帝居然过问得这么仔细，工作人员的压力能不大吗？这还只是"穿"这一项而已。事实上，两只汪星人的衣食住行，雍正帝都是关切至极，他甚至亲自设计狗窝，命令下达得特别具体，就连一个小配件的细节都得讲究。

比如，"做圆狗笼一件，径二尺二寸，四围留气眼，要两开的""竹胎红氆氇面、白氆氇里小圆狗笼""狗笼上见方四幅、深蓝布挖单一块""小狗笼红布帘一件"。

……

做雍正帝的宠物狗未免也太幸福了吧！

114

古代吝啬鬼排名

文 / 黄晓娟
图 / 孙小片

从古至今，吝啬鬼存在于世界各地。他们干了什么事儿让大家觉得吝啬呢？本报记者通过走访，第一时间获取了最新的小道消息。今天，让我们随着本报记者的镜头，去看看谁才是当之无愧的吝啬鬼吧！

慷慨的背后都是骗局，能被皇帝坑也是奇闻

- 离成功只有一步之遥的男人
- 当之无愧的最抠门皇帝
- 大跌眼镜，竟是为了钱蒙骗士兵

八卦记者讯

要是普通人，或者穷人，平时生活中吝啬点儿，大家还能为他找借口：他一定是有难处才这样。可是有人都当皇帝了，还吝啬得不得了，这就说不过去了吧？说的就是你——萧纪！

萧纪是梁武帝萧衍的第八子，"侯景之乱"时，萧纪在成都称帝。为了统一国家，萧纪决定出兵和他在江陵称帝的哥哥萧绎决一死战。

出兵前，萧纪为了鼓舞士气，命人抬出一箱又一箱的金银珠宝，说："只要大家勇往直前，这些都是你们的！"士兵们一看，都是金灿灿的宝贝！于是，士兵们打起仗来勇猛极了。

这可把萧纪开心坏了，眼看就要成功了！没承想，将士们要求他兑现承诺。萧纪这时心里犯嘀咕了：这些宝贝分给士兵，就不再属于我了！于是，每次士兵要求分财宝时他便打哈哈。

几次三番下来，大家都明白了这人是个骗子，就不再为萧纪出力。很快，萧纪吃了败仗，他辛辛苦苦守护的财宝也被抢走。还有人送他一个称号：饕餮。

遇水行舟 进退自如

奇怪知识窗

侯景之乱： 侯景原本是南朝梁的将领，后来作乱攻占了当时的首都建康（今江苏南京），饿死梁武帝，南朝梁由此进入战乱，其统治也土崩瓦解。

饕餮： 中国神话故事中的怪物。它长着羊的身子、人的脸，眼睛却长在腋下。传说饕餮十分贪吃，代表人的贪欲。

大战在即仍不忘抠门，搬起石头砸自己的脚	● 身为大将军，不顾全大局 ● 假冒伪劣产品爱好者 ● 家族中五人当公侯，还这么吝啬

八卦记者讯

这事儿发生在东晋。有个人叫周札，周家可是个庞大又显贵的家族，鼎盛的时候家族内有五人是公侯。也正因为家族太兴旺了，就容易遭人记恨。

这不，王敦决定先下手为强，攻打周札所在的会稽城。等周札收到消息的时候，王敦的兵马已到城下，这可真是火烧眉毛了。周札身边的人连忙劝他："咱们兵强马壮，城墙又高，一定可以抵挡住王敦的进攻。当务之急是您赶紧下令分发武器，将士们手里没武器可不行。"

周札连连答应。可答应归答应，他平时是个抠门的家伙，不去讹诈别人就是好的了，怎么会轻易将自己藏在库房里的好兵器拿出来呢？

果然，等大家拿到武器一看，全是劣质的，刀是钝的，弓的准头是偏的……

士兵们生气了，纷纷谴责周札："我们为你出生入死，你就这样对待我们？"战斗结果可想而知，周札兵败被杀。

奇怪知识窗

公侯： 在周朝，地位由高到低排列，共有公、侯、伯、子、男五种爵位，这是古代皇帝对有功之臣的赏赐。后代沿袭了周朝的爵位制度而略有改动。

军功无数聚敛不止，贪财吝啬险丢性命

- 南征北战，建功无数
- 多次舍命救曹操，是曹操手下第一巨富
- 不愿借钱，差点儿丢了小命

八卦记者讯

曹洪从曹操起兵讨伐董卓时，便在曹操的身边，是曹操的得力助手。有一次，曹操被敌军追赶时发现自己的坐骑不见了，曹洪立即让曹操坐着自己的坐骑逃跑。按理说，这样一个舍生忘死的人，应该将钱财置之度外，但曹洪可能是一个例外吧。他虽然身居高位，但是一直努力攒钱，成为巨富。这不，曹操的儿子曹丕找曹洪借一百匹绢，曹洪一听肉疼极了，于是推辞说："我家里确实没有一百匹绢嘛。"曹丕一听，有些不高兴，但没有说什么。曹丕当上皇帝后，借曹洪的门客犯法一事，想趁机处死曹洪。幸亏太后和群臣都为曹洪说话，曹丕这才赦免了曹洪，不过倒霉的曹洪也因此被贬为庶人。没了官职和封地的曹洪这才明白，小气也会害死人，急忙给曹丕写了一封谢罪书。

美味佳肴的期待落空，原来吝啬鬼另有计谋

- 都让一让，论吝啬谁比得过我
- 唐朝官员的脸都要被丢光了

八卦记者讯

奇葩年年有，今年特别多。说完了皇帝、将军的吝啬，想必各位大开眼界了吧？咱们再来说说官老爷。话说在唐朝，有一个叫夏侯处信的人，他是荆州长史，正儿八经的五品官，拿着朝廷的俸禄，应该不差钱吧？可是据知情人士透露，这位真是吝啬界的"人才"，他干出的事真是太搞笑了。

有一天，他的朋友上门拜访，眼瞅着快到中午了，夏侯处信叫来仆人，中气十足地说："我的好朋友来了，快去准备午饭！"仆人问要和多少面，夏侯处信伸出两根手指："和两升吧。"大家要说了，两升面很多啊，他根本不吝啬嘛。要知道，古时候做面花费的时间很长。客人是左等等不来面，右等等不来面，尴尬之下只能告辞。这时，夏侯处信才露出得意的笑容。

遇水行舟 进退自如

写字太难看，要被罚喝墨水？古代法律有多奇葩

文/佚 名

俗话说"没有规矩，不成方圆"，国有国法，家有家规，法律是维护社会稳定的重要手段。然而在古代，有一些让人匪夷所思的"奇葩"法律，一起来了解一下吧！

商朝："听天由命"判案法

在夏商时期，人们对世界还没有科学的认知，国家也没有完善的法律制度，那有人做了坏事该怎么判决呢？占卜。

没错，就是占卜。那时候的法官会用烧龟壳的方式，判断犯人到底有没有罪，所以你要是个脸黑的人，还是不要做坏事了，不然就等着上天的"神罚"吧。

商朝、秦朝：乱丢垃圾秒变"剁手党"

早在几千年前，人们就有了极强的环保意识。在商朝，如果你在街上乱丢垃圾，你要面对的可不是罚款教育，而是砍手！这一制度也被延续到了秦朝，秦朝律法规定，百姓要是乱丢垃圾，会被判处黥（qíng）刑，也就是在脸上刺字！

秦朝："矮个子"保护法

早在秦朝就出现了"未成年人保护法"，规定未成年人不必承担刑事责任，但由于户籍制度不太完善，百姓的年龄记录会有偏差，政府只能用身高作为判断是否成年的标准。男性为六尺五寸（约1.49米），女性为六尺二寸（约1.43米）。这么看来，这其实是一部"矮个子"保护法，那时的矮个子实在是太幸福了。

秦朝：男儿有泪不轻弹

为了培养军人的男子气概，秦朝规定成年男子不准随意哭泣，要是不小

心违反了，就要被刮去胡子与眉毛。古代讲究"身体发肤受之父母"，所以这是一个非常严重的刑罚（当然看上去也非常好笑），因此在那时，如果有人劝你要坚强，不是站着说话不腰疼，而是怕你的脑袋变成一颗"卤蛋"。

隋朝：字难看？喝墨水

现在大家考试考得不好，顶多也就被家长和老师批评一顿。但是在北齐，考得太差可是要喝墨水的！并且分数越低，要喝的墨水就越多。到了隋朝，这个制度变得更加严苛了，要是字写得潦草、不美观，也要喝整整一斤墨水！怪不得人们常用"肚子里没墨水"来形容没有文化的人，这难道是"吃啥补啥"？

唐朝：鲤鱼、牛肉不能吃，轻则处罚重则杀身

在唐朝，鲤鱼跟皇家关系密切。因为唐朝皇族姓李，"李"与"鲤"同音，所以唐朝禁止吃鲤鱼。

《唐律疏议》中记载："诸故杀官私马牛者，徒一年半。""主自杀马牛者，徒一年。""诸杀缌麻以上亲马牛者，与主自杀同。""马牛军国所用，故与余畜不同。若有盗杀牛者，徒两年半。"唐朝以农耕作为立国之本，加上对外战争频繁，军用物资的需求量很大，因此，对耕牛的保护比以往任何朝代都要严格。不仅青壮牛不得宰杀，即使是老弱病牛也不得宰杀，只有那些即将自然死亡的牛在得到官方许可后才可以宰杀。这项规定延续到宋朝。

汉朝：不得随意聚会

如果你是一枚标准的吃货，千万不要回汉朝。当你在某处遇到知己时，只可以喝水，不可以喝酒。因为汉朝规定，没有正当的理由，三个人以上聚餐喝酒，罚金四两。

另外因为汉朝的国姓为"刘"，并且经历战乱后对耕作的主要劳力"牛"非常重视，所以在汉朝是没有牛肉吃的。如果作为吃货的你为了解馋而杀了一头牛，那么罪同杀人，是要给牛偿命的。所以假如你乘坐时光机回到汉朝，一定要管好自己的嘴，问清楚什么可以吃，什么不可以吃。

遇水行舟 进退自如

汉字何时开始横着写
文/佚 名

清代以前，汉字都是从上往下竖着写的。这是因为在汉代发明纸张前，人们通常都是用竹简（丝帛太贵）作为书写工具，竹简太狭长，毛笔写的字所占的范围又太大，古人只能竖着写。

清末，西方人的书写方式被中国人接受。新中国成立后，1955年元旦，《光明日报》率先采用汉字从左向右、横着排版的方式，此后《人民日报》也改为横版，汉字从此便横着写了。

古人用"橡皮擦"吗
文/佚 名

你有没有想过，古人写错了字怎么修改呢？

古人一般会把字写在竹木、丝帛、纸张上。如果在竹木上写了错字，就要用书刀修改。书刀就是一把小小的刀子，用它把错字刮掉，再写上正确的字。如果是在纸上写错了字，可以在错字上面贴一片纸，还可以在错字上涂一层粉。

九九乘法表从哪儿来
文/佚 名

春秋时期，齐桓公专门设立了一个会馆招揽各种人才，可是过了很久都没有人来应征。一年后，好不容易来了一个人，没想到此人的见面礼竟然是九九乘法表！齐桓公和在场的人都觉得好笑，这也好拿来当见面礼？这个人解释道："如果你连我这个只懂九九乘法表的人都接纳了，还怕更有才能的人不来吗？"齐桓公觉得有道理，就接纳了他。

不过那个时候，九九乘法表的学名叫作"九九歌诀"，只有36句，没有跟"一"相关的乘法，和今天不一样的是，那时的九九歌诀是反着来的，所以歌诀为"九九乘法"。到了宋元时期，九九乘法表才逐渐按照从小到大的顺序排列。

"鸡丁"前面冠"宫保"　文/佚　名

"宫保鸡丁"的发明者丁宝桢，是清朝的一位官员。据传，丁宝桢对烹饪颇有研究，喜欢吃鸡和花生米，尤其喜欢吃辣。丁宝桢在四川总督任上时，创制了一种以鸡丁、红辣椒、花生米为主要原料的美味佳肴。这道美味本来只是丁家的"私房菜"，后来越传越广，尽人皆知。明清两代各级官员都有"虚衔"。咸丰皇帝以后，虚衔多用太保、少保、太子太保、太子少保来命名，所以又有了一个别称——宫保。丁宝桢资历深、官位高，治蜀十年，为官刚正不阿，多有建树，于光绪十二年（1886年）死在任上。为了表彰他的功绩，朝廷加封他为"太子太保"。于是，他发明的这道菜也由此得名"宫保鸡丁"。

"借光"的由来　文/佚　名

"借光"一词由来已久，据《战国策·秦策》中记载，战国时期秦国将军甘茂对纵横家苏代讲过这样一个故事：一条江边住着不少人家，每晚，姑娘们都凑到一起做针线活。其中有一位姑娘家境贫寒，买不起灯烛，其余的姑娘说她爱占小便宜，不让她来。这位姑娘说："我虽然买不起灯烛，但是我每晚都把屋子打扫干净，把坐席铺设整齐，让大家更舒适地干活。你们的灯烛反正是要点的，借给我一点光又有什么损失呢？"其他姑娘觉得她说得有道理，便把她留下了。后来就有了"借光"这一说。

"乱七八糟"两战乱　文/佚　名

"乱七八糟"用来形容杂乱无章，一片混乱。这个词语与历史上两次有名的战乱有关。"乱七"指"七国之乱"。汉景帝刘启下令在同姓王中推行"削藩"的政策后，吴、楚等七国发动武装叛乱，史称"七国之乱"。"八糟"同晋朝的"八王之乱"有关。司马炎死后，贾后为独霸朝野将皇太子毒死。赵王司马伦趁机发动兵变，这场乱事主要由八位诸侯王参与，所以史称"八王之乱"。后来人们将这两次战乱联系在一起，造出"乱七八糟"这个成语来。

遇水行舟 进退自如

标点符号的由来

文 / 刘宝书

古人写文章是不用标点符号的，后人读起来很吃力，甚至会产生误解。到了汉代才发明"句读"符号：语意完整的一小段为"句"；语意未完，语气可停顿的一段为读（dòu）。

句读，俗称"断句"。汉代的断句，最早出现在汉简中，除表示重文的符号"="，还有"■""●""∠""/"等符号，它们均起着句读的作用，也可谓标点符号的萌芽。东汉时，句读的符号有"↓"和"、"两种。凡是文末可以停顿的地方，就用"↓"，文中可以停顿的地方，就用"、"来标示。

到了宋朝，句读符号得到规范。宋朝学者毛晃在其著作《增韵》中说："今秘省校书式：凡句绝，则点于字之旁；读分，则微点于字之中间。"这样"、"和"。"就成为书文的正式符号，并成为今天顿号和句号的来源。到了明朝刊本小说出现时，又多了两个专用号，一个是在人名旁边画单直线"|"，一个是在地名旁边加双直线"‖"，它们都加在直行字的右边。上述两种标点和两种符号，就是我国最早的标点符号。

元代，程端礼在《程氏家塾读书分年日程》中确定了读书断句的一些基本规则。清代学者对句读的研究成果明显，王念孙、王引之父子，在其自刻的《广雅疏证》等书中加了句读符号，开了自己著书自标句读的先例。

新中国成立后，出版总署进一步总结了标点符号的用法规律，于1951年公布《标点符号用法》。当时公布了14种标点符号。同年10月，政务院做出《关于学习标点符号用法的指示》。从此，标点符号趋于完善，有了统一的用法。1990年，国家语言文字工作委员会与新闻出版署修订颁布了《标点符号用法》，由原来的14种标点符号增加到16种。

故宫的配色为什么是"番茄炒鸡蛋"

文 / 只露声音的宫殿君

红色的墙壁和黄色的屋顶,是故宫众多大殿的标配,就好像咱们中国人最爱的家常名菜之一——番茄炒鸡蛋!为什么明清皇帝搞装修,独爱"这道菜"呢?这可不仅仅是为了好看,其中的"名堂"大了去了!

首先,在明清的皇帝们看来,红色是生命的代表,自古以来就在图腾中体现出血和生命,山顶洞人习惯在逝去的人身边撒上赤铁矿粉末,活着的山顶洞人则会把贝壳和兽牙染红戴在身上。其次,火和太阳也体现为红色,代表光明和力量。再次,红色是权力的象征。《太平御览》引《榖梁传》是这样说的:"天子丹,诸侯黝,大夫苍。"这里的"丹"就是红色。

故宫不是第一座被漆红的皇宫。有史可考,最早在周代,人们在修建宫殿建筑时就用上了红漆。后来的汉长乐宫、未央宫,唐大明宫、兴庆宫等,都延续了这一传统。故宫作为最年轻的"宫中小辈",其实是在效仿祖风。

其实,红色受中国人喜欢不仅体现在天子身上,更体现在民间。老百姓眼中的红色,历来都意味着喜庆吉祥,每逢过年,家家户户无不是大红灯笼高高挂,穿得也是红红火火!

说完了墙壁的红,再来说说屋顶的黄。众所周知,在中国古代,黄色是至尊的象征,是皇帝的特权,黄色的衣服又称龙袍,只有天子能穿,其他人穿了可是重罪。而黄色琉璃瓦,在明清时期自然也是皇家专用瓦。

从审美的角度而言,大红色的墙壁和柱子、黄色的屋脊与青绿色的彩画很是搭配。看着这样的配色,不得不佩服宫里的"色彩搭配师"们的智慧。"番茄炒鸡蛋"让故宫有了一种吉祥、美好之感,视觉上也非常舒服,让中国红在世界的东方闪耀出最独特的魅力。

> 遇水行舟 进退自如

古人作诗能随意到什么程度

文/佚 名

古人写的诗词并不是每一首都是经典，有些诗词读完只想对作者说一句："拜托你手下留情吧！"

金鸡报晓
[明]朱元璋

鸡叫一声撅一撅，鸡叫两声撅两撅。

三声唤出扶桑日，扫尽残星与晓月。

小编歪评：喂！第三句怎么不保持队形？

蝶恋花
[宋]陈 瓘

有个胡儿模样别。满颔髭须，生得浑如漆。

见说近来头也白。髭须那得长长黑。

籋（niè，指镊子）子镊来，须有千堆雪。莫向细君容易说。恐他嫌你将伊摘。

小编歪评：最后两句太搞笑——我不能多说，说多了人家要生气的！可你说得还少吗？

咏 雪
[明]陆诗伯

大雪洋洋下，柴米都涨价。

板凳当柴烧，吓得床儿怕。

小编歪评：哇哦，还用了拟人的修辞手法呢！床儿说它好害怕！

浣溪沙·寄赵居士
[元]马 钰

净净清清净净清，澄澄湛湛湛澄澄。

冥冥杳杳杳冥冥，永永坚坚坚永永。

明明朗朗朗明明，灵灵显显显灵灵。

小编歪评：这真的不是在凑字数吗？

争鸣·笑林广记

假如这些名人也来参加高考

文/佚 名

假如苏轼也来参加高考：

答案几时有,把卷问考官。不知来年今日,能否不霸蛮？我欲乘考归去，又恐名落孙山，复读不胜烦。早起又贪黑，何似在耕田。

解函数，练语法，求杠杆。怎能无恨？何事长像答卷难。题有千奇百怪，解又百思还残。此事年复年，只怨人不叼，考完泪满面。

假如鲁迅也来参加高考：

桌上有两张纸，一张是试卷，另一张也是试卷。初夏已经颇热，脊背上却一层又一层冷汗。题目照例是不会做了，先生的讲义上全然没有见过。责任似乎并不在我，譬如使惯了刀的，这回要我耍棍，能行吗？

假如徐志摩也来参加高考：

悄悄地我出了考场，正如我悄悄地来。我挥一挥试卷，从此告别题海。

假如金庸也来参加高考：

尽管试卷题目古怪，而答题者的手法更是匪夷所思，闻所未闻。只见个个学子笔锋在空中横书斜钓，似乎入境一般，笔锋所指，处处是大题难题。

假如朱自清也来参加高考：

这几天心里颇不宁静，看着试卷上日日见过的题目，像牛毛，像花针，像细丝，密密地斜织着，却无从做起。于是忆起《长歌行》里的句子：少壮不努力，老大徒伤悲……这样想着，猛一抬头，见监考老师在讲台上迷迷糊糊，快要睡着了。

遇水行舟 进退自如

把微信表情翻译成古诗词

文/佚 名

大家用微信聊天时，经常会用到各种各样的表情。如果把微信表情翻译成古诗词，将是什么样子的呢？大家一起来看看吧！

大笑

【情景再现】性情豪迈奔放的李白接到进京任职的诏书后，抑制不住心中的喜悦："仰天大笑出门去，我辈岂是蓬蒿人。"

【译文】我仰面朝天纵声大笑着走出门去，我怎会是长期身处草野之人？

【小编趣评】看到了吧？我们的"诗仙"就是这么自信！

大哭

【情景再现】"诗圣"杜甫定居成都草堂后，游览武侯祠时，有感而发吟咏道："出师未捷身先死，长使英雄泪满襟。"

【译文】可惜诸葛亮出师征战还没有取得胜利就病死军中，总令古今英雄泪湿衣襟。

【小编趣评】唉，老杜不单是为诸葛亮深深地惋惜，也是为自己报国无门感到无奈。怪不得每次读到这首诗都想落泪。

得意

【情景再现】半生苦吟、穷困潦倒的"诗囚"孟郊在得知自己金榜题名后，得意地策马奔腾："春风得意马蹄疾，一日看尽长安花。"

【译文】迎着浩荡春风得意地纵马奔驰，一日之内赏遍京城名花。

【小编趣评】骑上心爱的小骏马，心情愉悦地去赏花。

鄙视

【情景再现】什么？你孟郊考了这么多年中了个进士就开始得意忘形了？我"词俊"朱敦儒坐不住了："诗万首，酒千觞。几曾着眼看侯王？"

【译文】吟诗万首不为过，喝酒千杯不会醉。王侯将相，我根本不放在眼里。

【小编趣评】有点傲慢和疏狂在身上。

偷笑

【情景再现】黄庭坚重阳节戴花，

居然被花取笑："花向老人头上笑，羞羞。白发簪花不解愁。"

【译文】 花在老人头上羞笑，白发簪花不消解忧愁。

【小编趣评】 我爱生活我爱花，花想笑我就笑吧。

打脸

【情景再现】 种豆南山下，草盛豆苗稀。——[魏晋]陶渊明《归园田居·其三》

【译文】 我在南山下种下豆子，地里草长得比豆苗还茂盛。

【小编趣评】 "种豆南山下"，看到这句，大家都以为陶渊明很会种田，谁知道下面突然来一句："草盛豆苗稀"，草长得比豆苗还茂盛。前一秒还是个专业种豆人，后一秒就被啪啪打脸了！

翻白眼

【情景再现】 墙上芦苇，头重脚轻根底浅；山间竹笋，嘴尖皮厚腹中空。——[明]解缙

【译文】 别看墙上的芦苇长得高，可它头重脚轻，根浅着呢。那山间的竹笋嘴尖皮厚，其实腹中空空，一点

学问都没有，又有什么好自傲的呢？

【小编趣评】 这个著名的楹联，出自明代著名大学者解缙笔下。出上联的人以"塘里水鸭，嘴扁脚短叫呷呷；洞中乌龟，颈长壳硬矮趴趴"讽刺解缙长得矮小，于是解缙以此楹联回击。

看到了吧？怼人也得有文化！

裂开

【情景再现】 屋漏偏逢连夜雨，船迟又遇打头风。——[明]冯梦龙《醒世恒言》

【译文】 屋子漏了，可是偏偏又赶上连夜下雨。船本来就迟到了，又遇到逆风航行。

【小编趣评】 本来已经够倒霉了，但还有比雪上加霜更大的打击，感觉不会再爱了！

加油

【情景再现】 三更灯火五更鸡，正是男儿读书时。——[唐]颜真卿《劝学》

【译文】 在三更后熄灯睡觉，在五更鸡叫时起床，正是男孩子们读书的最好时间。

【小编趣评】 加油，少年！

遇水行舟 进退自如

古诗对对碰

在语文学习中，背诵古诗是一项绕不过去的学习任务，不少同学表示，背古诗可真难啊！而来自湖南省湘西土家族苗族自治州泸溪县白沙小学的"诗词小达人"表示：我们不仅能背，还能写！

原诗 登鹳雀楼
唐·王之涣
白日依山尽，黄河入海流。
欲穷千里目，更上一层楼。

新诗 登涉江楼
杨明志（11岁）
秋日登高楼，沅江自顾流。
心中思屈原，一步一回眸。

原诗 不第后赋菊
唐·黄巢
待到秋来九月八，我花开后百花杀。
冲天香阵透长安，满城尽带黄金甲。

新诗 菊赋
向筱瑄（11岁）
野径遇黄菊，金星一簇簇。
采菊思五柳，南山好怀古。

原诗 出塞
唐·王昌龄
秦时明月汉时关，
万里长征人未还。
但使龙城飞将在，
不教胡马度阴山。

新诗 出塞
杨语昕（10岁）
塞外月落风声寒，
寸草不生满黄沙。
匈奴意图进中原，
汉匈战争三百年。

原诗 蝉
唐·虞世南
垂緌饮清露，流响出疏桐。
居高声自远，非是藉秋风。

新诗 蝉
张皓名（10岁）
抖翅尖尖叫，独藏枝间掩。
一鸣千里闻，唯有盛夏蝉。

指导教师：杨 涛

争鸣·作文练功房

古诗新韵

在古人的绵绵诗意中去追寻品味，在古人的悠悠诗心中去感知触发。吟着一行行久远的文字，我们追寻古人的步伐，品味古诗的意蕴。来自广东省潮州市湘桥区联正实验学校七（4）班的孩子们找到了古诗的另一种打开方式，用青春的笔触演绎古诗新韵。

原诗 春夜洛城闻笛

唐·李白

谁家玉笛暗飞声，
散入春风满洛城。
此夜曲中闻折柳，
何人不起故园情。

新诗 春夜洛城闻笛

文／陈枳程

悠扬的笛声，纷飞的杨柳
融入春风，飘落在每个角落
清冷月光照着窗外杨柳
如铁色，带走了杨柳的温度
照在我举起的酒杯上
却带不走满腹的乡愁
此时的我，折下一缕杨柳
任它随风飘荡
也任我眼泪横流

原诗 枫桥夜泊

唐·张继

月落乌啼霜满天，
江枫渔火对愁眠。
姑苏城外寒山寺，
夜半钟声到客船。

新诗 枫桥夜泊

文／李佳璇

明月西斜
乌鸦倾吐着寂寞
霜华满天
红叶满山
两三渔火还在闪烁
夜半，钟声响彻了山涧
今夜的姑苏
染着烈酒的香醇
远在天涯
轻轻吟唱

遇水行舟 进退自如

我眼中的语文

作者：重庆市渝中区马家堡小学五（6）班 饶谦祺

我眼中的语文，是方方正正的中国字，是字字问青天的唐诗宋词，是先天下之忧而忧的家国情怀。

最初，我眼中的语文是一个个简单的中国字。"天地人""口耳目"……我的老师告诉我，简单的汉字里蕴含着丰富的意义。"人"字，一撇一捺之间，撇代表着脚踏实地的态度，捺代表着端端正正的品性，就像一首歌里所唱："我们中国的汉字，一撇一捺都是故事。"

渐渐地，我眼中的语文是唐诗宋词。在诗的世界里，春去秋来，夏收冬藏，一年四季都是美的。"草长莺飞二月天，拂堤杨柳醉春烟"，这是生机盎然的春季；"接天莲叶无穷碧，映日荷花别样红"，这是绚烂生动的夏季；"停车坐爱枫林晚，霜叶红于二月花"，这是魅力四射的秋季；即便是"晚来天欲雪"的冬季，诗歌里也有"绿蚁新醅酒，红泥小火炉"的温馨，以及"能饮一杯无"的热情好客。在诗的世界里，童趣穿越时空，走过时空的文学长廊，古今相同。你看，那偷采白莲回的小娃"不解藏踪迹，浮萍一道开"，真够天真顽皮的，难道没有你我年少顽皮的影子？

后来，我眼中的语文是"家国情怀"。"慈母手中线，游子身上衣"，蕴含着慈母对游子的无比牵挂；"先天下之忧而忧，后天下之乐而乐"，饱含着范仲淹心忧天下的家国情怀；"醉卧沙场君莫笑，古来征战几人回"，深藏着为国血战沙场的豪情壮志。

语文，是美丽的中国字，是唯美的中国诗，是中国人心怀天下的家国情怀。

指导教师：杜 阳

编辑点评：文章简而得当，阐述了"我"对语文的理解。在作者眼中，语文是充满故事的汉字，是唯美的古诗词，是炽热而深情的家国情怀。作者擅用古诗词，让文章极具风采，全文感情真挚，言简而意丰，不失为一篇佳作。

汉字王国的争吵

作者：湖北省宜都市陆城第一小学六（3）班 龙千千

有一天，汉字法官正在办公室办公，忽然听见外面一阵嘈杂，便走出去看看。

只见"辩""辫"两个字正你一言我一语地吵着。

"你这个家伙，为什么要假扮我？"

"我假扮你？我才不稀罕呢！明明是你假扮我！"

两个字越吵越凶，汉字法官严肃地说："你们都给我安静！"两字愣了一下，乖乖地闭上了嘴。

"说吧，你们为什么要吵架？"

"辫"小姐率先发言："您看看他，长得和我这么像，不是假扮我是什么？"

"辩"先生听了立刻反驳道："呸呸呸，明明是你想假扮我，还想狡辩！"

"辫"小姐刚想骂回去，汉字法官吼了一声："你们有完没完？让你们说原因，没让你们继续吵！"这时，围观的汉字说："是这样的，我本来想去买些东西，走到这里的时候发现他们两个互相打量了对方一番，因为长相问题就吵起来了。"

汉字法官听完，不禁哭笑不得。这明明是个很简单的问题，两个字虽然乍一看有点儿像，但仔细观察就能分辨出来。

一个用"丝"扎辫子的辫小姐，一个"言"行举止都极具个人特点的辩先生，会有哪个小糊涂虫弄混啊。你瞧，隔壁"日"和"曰"都相处得那么好。

汉字法官强忍着笑，向他俩解释"人不可貌相"的道理，这两个汉字才恍然大悟，向对方道歉后，就各去干自己的事了。

编辑点评：作者用幽默风趣的语言为读者带来一则充满童趣的汉字故事，围绕汉字"辩"和"辫"的争吵，为读者揭示了"人不可貌相"的道理。

遇水行舟 进退自如

读书须有疑

文/[宋]朱 熹

　　读书，始读，未知有疑；其次，则渐渐有疑；中则节节有疑。过了这一番，疑渐渐释，以至融会贯通，都无所疑，方始是学。读书无疑者须教有疑，有疑，却要无疑，到这里方是长进。

——《训学斋规》

【思考与练习】

1.下列读音正确的一项是（　　）。

A.未（mò）知有疑　　　B.过了这一番（pān）

C.都（dū）无所疑　　　D.方是长（zhǎng）进

2.下列加点字解释正确的一项是（　　）。

A.疑渐渐释（放下）　　　B.读书无疑者（……的人）

C.以至融会贯通（致敬）　　D.方始是学（方向）

3.请写出三个带"疑"的四字词语。

＿＿＿＿＿＿＿＿＿＿＿＿＿＿＿＿＿＿＿

4.朱熹描述的读过程是怎样的？请根据原文画一个思维导图。

【参考答案】

1.D

2.B

3.如迟疑不决、疑神疑鬼、半信半疑、满腹狐疑等

4.略

【参考翻译】

　　书刚开始读的时候，不觉得有什么疑问；但读着读着，就会出现一些问题；读到一半时每个小节都会产生疑问。再往下读，疑问就会慢慢被解决，最终达到融会贯通的程度，所遇的问题都被解决了，这才称得上学习。读书不会产生疑问的人，需要教给他独立思考的方法，使之头脑里"有疑"；学会了"有疑"，就要想办法去钻研，千方百计去解决疑问，这时候才是真正的进步。

132

读书千遍，其义自见（节选）

文/[宋]朱熹

大抵①观书先须熟读，使其言皆若出于吾之口。继以精思，使其义皆若出于吾之心，然后可以有得尔……

凡读书，须整顿几案，令洁净端正，将书册齐整顿放，正身体，对书册，详缓看字，子细分明。读之，须要读得字字响亮，不可误一字，不可少一字，不可多一字，不可倒一字，不可牵强暗记。只是要多诵遍数，自然上口，久远不忘。古人云："读书千遍，其义自见②。"谓读得熟，则不待解说，自晓其义也。

——宋·朱熹《训学斋规》

【注释】

①大抵：大概，一般情况。
②见：同"现"。显现。

【思考与练习】

1.根据注释和自己的理解，写出下列句子的意思。

大抵观书先须熟读，使其言皆若出于吾之口。

2.根据短文内容可知，熟读的好处有：_____。

【参考答案】

1.看书大多数时候都必须先熟读，让书上的语句像是我说的一样。

2.久远不忘、自晓其义

【参考翻译】

看书大多数时候都必须先熟读，让书上的语句都好像是我说的一样。紧接着就精心地思考，让它的道理好像都出自我的心里所想，这样就可以有所收获了……

凡是读书，必须整理好读书用的桌子，使桌子干净平稳，把书册整齐地放在桌子上，让身体坐正，面对书册，详观书上的文字，看得仔细清楚。朗读文章，必须每个字都读得很响亮，不可以读错一个字，不可以少读一个字，不可以多读一个字，不可以读颠倒一个字，不可以勉强硬记。只要多读几遍，就自然而然顺口而出，即使时间久了也不会忘记。古人说："书读的遍数多了，它的意思自然会显现出来。"就是说书读得熟了，那么不依靠别人解释说明，自然就会明白它的意思了。

遇水行舟 进退自如

中国书法：东方艺术的瑰宝

文/佚 名

从三年级开始，同学们正式学习书法了。当然，有的同学或许很小就开始学习书法了。在学习书法的过程中，同学们有没有感受到书法的魅力？

被誉为"无言的诗、无形的舞、无图的画、无声的乐"的中国书法，是一门古老的汉字书写艺术，历经3000多年，从甲骨文、金文、石刻文等发展为大篆、小篆、隶书，再定型至草书、楷书、行书，在有序发展的同时，一直散发着独特的艺术魅力。

甲骨文

甲骨文是中国书法史上的第一块瑰宝，也是现存中国最古老的文字，最开始用于卜辞。商代人用龟甲、兽骨占卜，然后把占卜时间、占卜者的名字、所占卜的事情用刀刻在卜兆的旁边，有的还把若干日后的吉凶应验也刻上去。学者称这种记录为"卜辞"。

甲骨文于1899年在河南省安阳市小屯村一带被发现，是商代晚期王室占卜时的记录，距今已有3000多年。

金 文

金文是商、周时期青铜器上铭文字体的总称，兴盛于周代。金文为中国书法史上的又一座丰碑，依附于青铜器。铸鼎意在"使民知神奸"，故鼎是一种宗教祭祀所用的神器。金文也被称为钟鼎文、器文、古金文，最早的金文见于商代中期出土的青铜器上。周代是金文的黄金时期，出土铭文最多。

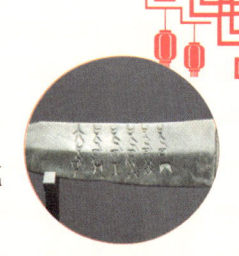

小　篆

春秋战国时期，诸侯割据，各诸侯国的文字出现了简繁不一、一字多形的情况。秦始皇统一六国后，推行"书同文"的政策，在秦国原来使用的大篆的基础上进行简化调整，创制了统一的汉字书写形式——小篆。

小篆字形呈长方形，平衡对称、上紧下松，笔画横平竖直、圆起圆收，粗细基本一致。小篆一直从秦朝流行到西汉末年，才逐渐被隶书所取代。但因其字体优美，颇具古风古韵，所以始终被书法家所青睐。

隶　书

从出土的简牍来看，隶书始创于秦朝，一般认为是在篆书的基础上，为满足人们书写便捷的需要产生的字体。隶书是对篆书的化繁为简、化圆为方、化弧为直，字形多呈宽扁形，横画长而竖画短，讲究"蚕头燕尾""一波三折"。

隶书分为秦隶、汉隶等，汉隶在东汉时期达到顶峰，书法界有"汉隶唐楷"之称。隶书的出现是汉字演变史上的一个转折点，使中国书法艺术进入了一个新境界，奠定了楷书的基础。

草　书

草书形成于汉代，是为了书写简便而在隶书的基础上演变而来的。大约从东晋开始，为了跟当时的新体草书相区别，汉代的草书被称作章草，当时的新体草书则被称作今草。章草是较为标准的草书，笔画省便却有章法可循。今草不拘章法，笔势流畅。

从字体的潦草程度上说，草书又有大草（也称狂草）和小草之分。狂

遇水行舟 进退自如

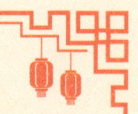

草出现于唐代，以张旭、怀素为代表，笔势狂放不羁，成为完全脱离实用的艺术创作。草书由于字形过于简单，彼此容易混淆，所以它不能像隶书取代篆书那样，取代隶书而成为主流字体。

楷 书

楷书也叫正楷、真书、正书。如今，广义的楷书始于汉末，是从汉隶逐渐演变而来的；而狭义的楷书则是指唐朝时期逐渐成熟起来的唐楷。

楷书的特点在于规矩整齐，是字体中的楷模，所以称为楷书，一直沿用至现代。我国书法史上以楷书著称的"楷书四大家"分别是唐代的欧阳询（欧体）、唐代的颜真卿（颜体）、唐代的柳公权（柳体）、元代的赵孟頫（赵体）。

行 书

行书是继楷书之后产生的一种书体，相传也始于汉末，到东晋发展成熟，达到顶峰。行书是楷书的快写，它不及楷书工整，也没有草书的草率，基本上中规中矩，靠楷书叫行楷，靠草书叫行草，介于两者之间的叫行书。

行书的特点在于不温不火，有板有眼，章法不乱。行书代表作中最著名的是东晋书法家王羲之的《兰亭序》，前人以"龙跳天门，虎卧凤阙"来形容其字雄强俊秀，赞誉《兰亭序》为"天下第一行书"。唐代颜真卿所书的《祭侄文稿》劲挺奔放，被古人评为"天下第二行书"。

中国书法伴随着汉字的产生与演变而发展，已成为中国文化的代表性符号之一。时至今日，书法依旧是中国人日常生活中的重要组成部分，当代艺术、建筑和设计等都从书法中汲取了很多有价值的艺术元素。书法在促进人类文化多样性及创造力方面具有十分重要的作用。2009年，"中国书法"被列入《人类非物质文化遗产代表作名录》。